歴史文化ライブラリー

359

古代天皇家の婚姻戦略

荒木敏夫

吉川弘文館

目次

天皇家の婚姻―プロローグ……1
「平民」からの皇太子妃／大衆とロイヤル・ウェディング／古代ではどうか

大王とミコ・ヒメミコの婚姻

大王の婚姻……8
キサキの身位／キサキの種類／宮人と采女／大王の近侍官（トモ）―采女／隼人のキサキ、蝦夷のキサキ

近親婚と婚姻タブー……22
近親婚の盛行／姉妹型一夫多妻婚／垂仁と応神の場合／オバーオイ婚・オジーメイ婚／婚姻のタブー／中大兄皇子と間人皇女／橘諸兄と藤原多比能

ミコ・ヒメミコの婚姻……47
皇族と皇親／皇親と婚姻の身分規制／婚姻規制の例外／婚姻規制の淵源／キサキノミヤとミコノミヤ／キサキノミヤ（皇后宮・后宮・私宮）／ミコ

ノミヤ（皇子宮）／但馬内親王と高市皇子・穂積皇子／大来皇女と「大伯皇子宮」／ミコノミヤの起源／斑鳩宮―廐戸皇子宮／春米女王と斑鳩宮／春米女王宮と長屋王邸宅／六・七世紀王権の婚姻／異母兄弟姉妹婚／オジ―メイ・オバ―オイの異世代婚／息長王家の近親婚

倭と東アジアの国際婚姻

倭王権の国際婚姻……106

倭王権の国際婚姻／外交としての「婚姻」

東アジア諸王権の国際婚姻……114

ヨーロッパと中国の国際婚姻／劉細君と王昭君／唐代の和蕃公主／内命婦制度／漢代から唐代の国際婚姻／百済・高句麗・新羅・伽耶の国際婚姻／「美女」貢献／「美女」貢献の忌避／倭国の国際婚姻と「韓子」／国際婚姻の諸相／国際婚姻の類型

天皇とミコ・ヒメミコの婚姻

天皇の婚姻……148

後宮の成立／桓武天皇とキサキ／桓武天皇と百済王氏の婚姻結合

律令制下の皇親の婚姻……164

八世紀の皇親の婚姻／皇親の婚姻規制の緩和／内親王の婚姻／不婚の内親

王／天皇家と徳川将軍家の婚姻／王昭君伝説と平安文学／耽羅の創世神話と日本王権

古代天皇家の婚姻—エピローグ …………………………… 193
日本古代王権の婚姻の特質／李垠と梨本宮方子の婚姻

あとがき

参考文献

関連表

天皇家の婚姻――プロローグ

「平民」から の皇太子妃

昭和三三年（一九五八）十一月二十七日、この日、宮内庁は日清製粉社長正田英三郎氏の長女美智子さんを皇太子明仁親王の皇太子妃とすることを皇室会議が可決したことを発表する。

新聞・雑誌・テレビが、このことを競って報道したことはいうまでもない。程度の差はあれ、多くのジャーナリズムは、お相手の正田美智子さんが民間人であること、さらに、軽井沢のテニスコートでの「自由恋愛」の結果であることを強調した。以後、いわゆる「ミッチー」ブームが大流行することになる。

翌年四月十日に「御成婚の儀」が挙行され、その後、「ご成婚パレード」はテレビで実況中継された。中継はカラー放送で行われ、それを見るために、カラーテレビが爆発的に売れたともいう。

政治学者の松下圭一氏は、雑誌『中央公論』の昭和三四年（一九五九）八月号掲載の論文「大衆天皇制論」で、一連の「ミッチー・ブーム」の社会現象を切り口にして天皇制を分析し、この婚姻は、「「平民」と「恋愛」というシンボルを操作しながら、戦後の新憲法感覚に訴え、天皇制自体が戦前的形態から変化したこと」を意味し、「新中間層を中心に新しい若い世代に対応するのに一応成功した」と評価している。

戦後の天皇制は、大衆の支持を必須のものとしており、そうであるが故に、その婚姻も大衆の支持に添う形を取らざるを得なくなる。これまでの「慣例」を打ち破り、「平民」から皇太子妃が、双方の「自由恋愛」の末に決定されたのは、そのことによっている。

その背景には、旧『皇室典範』にある「皇族の婚嫁は、同族又は勅旨に由り特に認許せられたる華族に限る」（第三九条）という規定が、戦後の新『皇室典範』ではなくなり、同時に十一宮家および華族制度もなくなったこともあり、民間から迎えたという事情がある。

しかし、元宮家・元華族の家からの選択もあり得たのであるから、それにもかかわらずの決断であったとみておかねばならないであろう。

明治三三年（一九〇〇）十一月二十八日、梨本宮守正と結婚した梨本宮伊都子は、旧佐賀藩主で元侯爵の鍋島直大の娘である。二人の間に生まれた方子（まさこ）は、大韓帝国皇帝の高宗の第七男であった李垠（イウン）（一八九七―一九七〇）と結婚している。この元皇族梨本宮伊都子は、十一月二十七日当日のことを、その日記に次のように記している。

午前十時半、皇太子殿下の妃となる正田美智子の発表。それから一日中、大さわぎ。テレビにラヂオにさわぎ。

朝からよい晴れにてあたゝかし。もう朝から御婚約発表でうめつくし、憤慨したり、なさけなく思ったり、色々。日本ももうだめだと考えた。

同書は、さらに次のような伊都子の当時の和歌を載せている。

右は結婚に付あまりにもかけはなれたる御縁組、おどろかされて心もおさまらず

思ひきや　広野の花を　つみとりて　竹のそのふに　うつしかゑんと
あまりにも　かけはなれたる　はなしなり　吾に日の本も　光りおちけり
つくりごと　どこまでゆくか　しらねども　心よからぬ　思ひなりけり
心から　ことほぎのぶる　こともなし　あまりの事に　言の葉もなし

国民が　こぞりていはふ　はづなるに　みせものごとき　さわぎ多かる（『梨本宮伊都子妃の日記―皇族妃の見た明治・大正・昭和―』小田部雄次、小学館、一九九一年）

明仁親王の皇太子妃決定から三五年後、平成五年（一九九三）一月七日、新聞・テレビ各社は、この日、徳仁（なるひと）皇太子と小和田雅子さんとの婚約が内定したことを報道した（皇室会議が、徳仁親王妃として小和田雅子さんを正式に決定したことを発表するのは一月十九日である）。

大衆とロイヤル・ウェディング

内定が決まった一月七日、『朝日新聞』の夕刊に、街の声の一つとして載った中年男性の談話が、私には、とても印象的であった記憶が残っている。象徴的な発言であるから本書で紹介しよう思い、大学図書館で、新聞縮刷版を利用してこの日の記事を調べてみた。四四歳の男性（住所と氏名は伏せる）の談話は以下のようである。

これで少しは、世の中が明るくなるかもしれない。小和田さんはとても上品で美人のお嬢さんだし、ものすごく頭もいい。よくこんな人がいたもんだ。うちの息子の嫁にしたいくらいだが、日本中探したってそうはいないだろうね。早く赤ちゃんの顔を見たいですね。

天皇家の「慶事」を我が事のように思い、「自分の息子の嫁にしたいくらいだが……」

と述べた感想には、隣近所の家や親戚の慶事のごとくに屈託なく祝意を表す一般市民の声がうかがえる。それは、昭和三三年（一九五八）からさらに三五年を経過し、一般の人々・世間に深く浸透した天皇制を雄弁に物語るものであろう。

同年四月十二日の納采の儀を経て、六月九日に結婚の儀が行われた。かつて、テレビで高視聴率を取った馬車による成婚パレードには沿道に十九万人の市民が集まり、その中継の最高視聴率は七九・九パーセントを記録したという。

戦後の天皇家の婚姻は、「ロイヤル・ウェディング」の華麗さに目が向くが、天皇制の存続・維持と関わってその再生産の可能性を測るうえでも注目されてきた。

古代ではどうか

もちろん、婚姻が果たす機能はそれのみにとどまるものでなく、時代を超えて共通して生み出すものもあり、時代によって異なる結果を生み出す場合もある。

したがって、本書が検討する日本古代の大王・天皇と王族・皇親らの婚姻は、多様な分析視角とその分析によってさまざまな様相を表し、さまざまな意味と意義を示すと思える。

本書では、第一に、日本の古代王権が、どのような婚姻を行っていたのかを多様な視角から検討し、多様な事実を示すことにしたい。第二に、第一で検証された事実の意味を地域と時代を異にする婚姻例と比較することで、婚姻からみた日本の古代王権の特質を考えてみたい。

なお、本書では、律令制以前は大王、以後は天皇と区別して用いるのを原則とする。ただし、律令制以前の叙述に際して、煩雑さを招くが、史料上の表記を優先して律令制下の身位表記を使用することもある。これは、他の身位表記・制度表記などにも及んで使用する。

その他、本書では、大王と婚姻関係を結んでいる女性を「キサキ」と記し、同様に、律令制下でも天皇と婚姻関係を結んでいる皇后以下を総称して「キサキ」と記して叙述する。その他の叙述の原則については、以下、必要とするところで示すこととしたい。

大王とミコ・ヒメミコの婚姻

大王の婚姻

キサキの身位

古代の大王や天皇および王族の婚姻がどのように行われていたかを、『古事記』や『日本書紀』（以下、場合によって、「記紀」と略記する）の記載の中から探ってみよう。その絶好の手がかりは、歴代天皇の婚姻関係を記した部分である。そこには、歴代天皇のキサキたちがその所生子とともに網羅されている。まず、その具体例を示しておこう。

○天智七年二月丙辰朔戊寅条
古人大兄皇子の女倭姫王を立てて、皇后とす。遂に四の嬪を納る。蘇我山田石川麻呂大臣の女有り、遠智娘と曰ふ。或本に云はく、美濃津子娘といふ。一の男・二の女を生めり。其の一を大田皇女と曰す。其の二を鸕野皇女と曰す。天下を有むるに及りて、飛鳥浄御原宮に居します。後に宮を藤原に移す。其の三を建皇子と曰す。唖にして語ふこと能はず。或本に云はく、遠智娘、一の男・二の女を生めり。其の一を建皇子と曰す。其の二を大田皇女と曰す。其の三を鸕野皇女と曰すといふ。或本に云はく、蘇我山田麻呂大臣の女を茅渟娘と曰ふ。大田皇女と娑羅々皇女とを生めりといふ。次に遠智娘の弟有り、姪娘と曰ふ。御名部皇女と阿陪皇女とを生めり。阿陪皇女、天下を有むるに及りて、藤原宮に居します。後に都を乃楽に移す。或本に云はく、姪娘を名けて桜井娘と曰ふといふ。次に阿倍倉梯麻呂大臣の女有り、橘娘と曰ふ。飛鳥皇女と新田部皇女とを生めり。次に蘇我赤兄大臣の女有り、常陸娘と曰ふ。山邊皇女を生めり。又宮人の男女を生める者四人有り。忍海造小龍が女有り、色夫古娘と曰ふ。一の男・二の女を生めり。其の一を大江皇女と曰す。其の二を川嶋皇子と曰す。其の三を泉皇女と曰す。又栗隈首徳萬が女有り、黒媛娘と曰ふ。水主皇女を生めり。又越の道君伊羅都賣有り、施基皇子を生めり。又伊賀采女宅子娘有り、伊賀皇子を生めり。後の字を大友皇子と曰す。

この史料は、『日本書紀』天智紀の一部であり、天智天皇が婚姻関係を結んだ「キサキ」たちとその所生子の名が網羅的に記されている。こうした部分を「帝紀」的部分というが、注目したいのは、天智と婚姻関係を結んでいるキサキたちが「皇后」「嬪(ひん)」「宮人(くにん)」と区別されて表記されている点である。本書の末尾に付した「記紀にみるキサキ名」の表は、『古事記』と『日本書紀』の「帝紀」的部分に記載されたキサキたちを抜き出し、各天皇の『古事記』のキサキの記載を上段に記し、『日本書紀』のキサキの記載を下段に記したものである。

この表は、神武から仲哀までの実在の天皇として考えられないグループ、応神から武烈までの実在と非実在の天皇が混在するグループ、継体から持統までの実在のグループ、の三つに区分でき、そのそれぞれから、日本の古代王権の婚姻に関わってさまざまな点がわかってくる。

キサキの種類

右にみたように、『日本書紀』は天皇のキサキについて、「皇后」やその他種々の身位で記している。こうした身位は、持統三年（六八九）の『飛鳥浄御原令』と大宝元年（七〇一）の『大宝令』によって生まれた身位である。したがって、『日本書紀』が記す令制上の身位の記載は、まずは、『日本書紀』編纂段階の区別と差別の意識の反映であるとみるべきであろう。

『日本書紀』のキサキの表記は、「皇后」「妃」「夫人」「嬪」「宮人」「采女」の六種が挙げられるが、各天皇のキサキの表記は三種で区分しているのが最大である。これは興味深い特徴を示している。多数のキサキを列記しても、キサキの表記の区分が二・三種にしかならないのは、キサキの区分が充分に進んでいない律令制以前の王権の婚姻の在り方を示唆しているとも考えられるからである。この点を明瞭にし対比するために、八世紀以降の律令制下の後宮の規定を『養老令』に、その区別と差別の子細をみてみよう。

すなわち、「後宮職員令」によれば、即位した天皇は、妃（二員、訓キサキ）・夫人（三員、訓オホトジ）・嬪（四員、訓ミメ）を定員とする後宮を形成する。このうち、妃は品位を授けられ、立后して嫡妻としての位置を占める皇后になることができる。これに対し、諸王・諸臣の出自の女子は立后ができない法意であったと考えられ、三位以上出自の場合が夫人となり、五位以上の出自の場合は嬪となった。

また、『令義解』によれば、皇后とは「天子の嫡妻」（「公式令」三七条義解）をさす。天子の母で后位・夫人位にあった者は皇太后・皇太夫人となり、天子の祖母で后位・夫人位にあった者は太皇太后・太皇太夫人となった（「公式令」三五条・三六条）。このうち、皇后・皇太后・太皇太后の三つを三后と呼んでいる。いずれも即位した天皇との関係から律

表1　唐代の後宮制度

身位	員数
皇后	一人
夫人	四人（貴妃・淑妃・徳妃・賢妃）
嬪	九人（昭儀・昭容・昭媛・修儀・修容・修媛・充儀・充容・充媛）
世婦	二七人（婕妤・美人・才人、各九人）
御妻	八一人（宝林・御女・采女、各二七人）

せられる身位であることが特徴的である。

こうした後宮制度は、表1に示したように、中国唐代の後宮制度と比較すると、その員数において大きく異なり、妃と夫人・嬪を区別し、妃は品階を授けられる皇女に限定するなどの相違もすでに指摘されていることである。

しかし、こうした相違をもつものの、日本の後宮制度が唐の制度に学んだものであることは確かなことである。日本の王権は、律令によって裏打ちされ、理念的にはそれ以前と比較して構造的に格段に整備され、その後の日本の王権＝天皇制を規定していることも事実である。

『大宝令』に規定された「皇后」号の法的淵源は、持統三年の『飛鳥浄御原令』にまでさかのぼってその存在が想定されており、さらにさかのぼると「大后」（オホキサキ）の号が近似の号として見当たるが、こちらは、その性格をめぐって意見が分かれている。

先に記したように、キサキたちの身位は、皇后・妃・夫人・嬪だけではない。「宮人（くにん）」や「采女（うねめ）」の称もある。

宮人と采女

宮人・采女の語は、前漢における外戚の禍に学び、後宮の粛正を断行した後漢の光武帝の後宮の制に淵源をもつものと考えられており、『日本書紀』が、宮人や采女をキサキとして記すことがあるのは、こうした淵源を意識してのことなのである。

しかし、『令集解』の「職員令」義解（ぎげ）は、宮人を「婦人の官に仕える者の惣号なり」とし、後宮に仕える女官の総称であるとしているように、宮人は令制下ではキサキとして扱われていない。これは、重大な変化である。

同様のことが、采女の場合にもあてはまる。采女は、令制下ではキサキとして扱われることはない。令制下では後宮に出仕した下級女官であり、宮内省采女司に管理され、後宮十二司のうち水司・膳司に配属された存在であった。

○敏達四年正月是月条

一の夫人を立つ。春日臣仲君の女を老女子夫人と曰ふ。更の名は、薬君娘。三の男・一の女を生めり。其の一を難波皇子と曰す。其の二を春日皇子と曰す。其の三を桑田皇女と曰す。其の四を大派皇子と曰す。次に采女、伊勢大鹿首小熊が女を菟名子夫人と曰ふ。太姫皇女更の名は、桜井皇女。と糠手姫皇女更の名は、田村皇女。とを生めり。

この史料も先に記した天智七年二月丙辰朔戊寅条の史料と同じ記載形式を取っており、敏達天皇のキサキとして、「夫人」と並んで「采女」がみえ、キサキとしての采女が存在したことを示す史料である。このような令制以前のキサキと考えられる采女の例として、本書の末尾の表に示したように、『日本書紀』は他に雄略紀の春日和珥臣深目女の「童女君」や舒明紀の「蚊屋采女」らの例を載せている。

他方で、注意を必要とするのは、『日本書紀』が「宮人」や「采女」の総てをキサキとして記していないことである。それは、キサキとその所生子らを記す部分の記述にみえない「宮人」や「采女」の例が見出せるからである。

「宮人」の場合は、「宮人桑田玖賀媛」（仁徳十六年秋七月戊寅朔条）の一例だけである。「采女」の場合は、「采女磐坂媛」（仁徳四十年是歳条）、倭直吾子籠の妹の「日之媛」（履中紀即位前紀）、「小墾田采女」（允恭五年七月条）、「栗隈采女黒女」「八口采女鮪女」（舒明即位前紀）などの例や、『古事記』にも唯一の例であるが「三重婇（うねめ）」（雄略記）の例がある。

これらの例は、いずれもキサキとしてみるよりは、王権に近侍する女官として考えるべき例である。このことは、例えば、「八口采女鮪女」が同条で「女孺（にょじゅ）鮪女」と記載されていることに端的に現れている。

また、先に記した天智七年二月丙辰朔戊寅条では、「宮人」として区分されている伊賀宅子娘が「伊賀采女宅子娘」と記載されており、「采女」と「宮人」の近似性がうかがえる。

しかし、このことが、「宮人」の制度的起源が古いということを物語るわけではない。『日本書紀』が記載する「宮人」の称は、令制の語の反映とみるのが妥当であろう。それに比べて「采女」の称とその制度は、令制の意味と異なる独自の意味を含んでいる。

采女について、岩波書店版『日本史辞典』は、「五世紀後半頃から、国造などの有力地方豪族が服属の意を示すために子女を貢上したのが本来の姿。王宮や皇子宮でさまざまな用務を果した」と記しており、倭王権への服属の証として貢上されたものと考えられている。

しかし、采女は、この一面だけで理解されるべきでなく、平野邦雄氏が先駆的に指摘されたように、「ウネメ」についてはトモの基本類型としてトネリ・ユゲヒ・カシワデと並ぶ「近侍的トモ」としても考えるべきであるとすれば、ウネメは、トネリ・ユゲヒ・カシワデなどと共通する大王近侍の「トモ」としての意味が第一義であり、ウネメの「キサキ」化は、大王との婚姻関係やミコ（御子）の出生があったときのみに生じるものとみなすことができる。

大王の近侍官（トモ）—采女

である（平野邦雄『大化前代社会組織の研究』吉川弘文館、一九六九年）。

このように考えるとはっきりしてくるのは、大王—王権に「奉事」する近侍集団（＝トモ）が男性だけでなく、女性もウネメとして構成されている点である。権力の核として存在する大王に近侍する集団が、男も女も存在する〈男女の対称性〉を示していることは、これまで見落とされてきたが、注目されるべき事実である。

もし、ウネメの総てが大王のキサキであったならば、記紀の帝紀的記載の部分にもっと記述があってもよいはずである。

そのようになっていないのは、ウネメがキサキでなかったことを示すものであったからである。それでいて、「采女」が数こそ少ないが、また、キサキ群の末端であれ記載されることのあるのは、ウネメが「王の寵愛」を受ける可能性をもつ近侍的トモだったからである。トネリ・ユゲヒ・カシワデなどの男性の近侍的トモと異なるこの性差によって、ウネメは「キサキ」化し得る特質をもったといえるのである。

本書末尾の表や表1・2をみると、記紀が記す「天皇」のキサキ群には、さらに注目すべき特徴が見出せる。

隼人のキサキ、蝦夷のキサキ

表2は、大化二年（六四六）の「改新之詔」で定められた「畿内」の範囲にその一部が含まれる伊賀（名墾横河）・紀伊（兄山）・播磨（赤石櫛淵）・近江（狭々波合坂山）の四国より外の「外国」に属する国を出身とするキサキを、記紀の記載から摘出したものである。

この表によれば、「外国」出身のキサキを出した国は、伊勢・尾張〈東海道〉・越（越前）〈北陸道〉・丹波〈山陰道〉・吉備（蚊屋）〈山陽道〉・筑紫・日向（阿太・襲）〈西海道〉の諸国である。このように、記紀に記載されたキサキの総数に占める「外国」出身のキサキの数は、きわめてわずかなのである。この特徴も特記に値する点なのであるが、ここでは、この点を踏まえたうえで、この表から導き出すことが多々ある中から、大王の列島内の婚姻の性格が服属であれ同盟であれ、政治的契機を含むものであることを考慮して、

表2　記紀に見る「外国」出身のキサキ

天皇	古事記	日本書紀
神武	阿多之小椅君妹　阿比良比賣	日向国吾太邑　吾平津媛
孝昭	尾張連之祖奥津余曾之妹　余曾多本毘賣命	尾張連遠祖瀛津世襲妹　世襲足媛
開化	旦波之大縣主由碁理之女	丹波竹野媛
崇神	尾張連之祖　意富阿麻比賣	尾張大海媛
景行	*	三尾氏磐城別妹　水歯郎媛
	吉備臣等之祖若建吉備津日子之女	*
	*	日向髪長大田根 （襲）武媛
	日向之美波迦斯毘賣	（襲国）御刀媛
応神	日向之泉長比賣	日向泉長媛
仁徳	日向之諸縣君牛諸之女　髪長比賣	日向髪長媛
雄略	*	吉備上道臣女　稚姫
継体	三尾君等祖　若比賣	三尾角折君妹　稚子媛
	尾張連等之祖凡連之妹　目子郎女	尾張連草香女　目子媛

	三尾君加多夫之妹　倭比賣	三尾君堅楲（かたひ）女　倭媛
敏達	伊勢大鹿首之女　小熊子郎女	伊勢大鹿首小熊女　菟名子夫人
舒明	＊	（吉備）蚊屋采女
天智	＊	越道君伊羅都賣
天武	＊	胸形君徳善女　尼子娘

（注）表中の＊は記紀に不掲載のキサキ。

次の二点を指摘しておきたい。

第一は、倭王権の直接の基盤をなす大和・河内の「中心」に対し、西の「辺境」である「筑紫」や「日向」のキサキが記紀に記されている点である。とりわけ記紀の説話に占める「日向」の位置は、神武・景行・応神・仁徳のキサキとして日向の女を配していることからも明らかなように際立っている。

第二は、第一との対比で、倭王権の軍事的基盤である東国からのキサキがみえないだけでなく、記紀が「蝦夷」と記した世界からのキサキがみえない点である。

この点はこれまで看過されてきたが、その意味するところは大きい。これは、倭王権による婚姻の選択・選別を如実に示すものであろう。加えて指摘しておくべきは、「日向」

図１　男狭穂塚・女狭穂塚（宮崎県西都市所在，宮崎県立西都原考古博物館提供）

のキサキは神話化しても「日高見」のキサキは神話化できなかったことを物語っていることである。

この相違については、「隼人」世界と「蝦夷」世界の服属の早い遅いによって説明できる部分もあるが、それだけではないであろう。これらは、倭王権と蝦夷・隼人の支配・服属関係の質的差異に関わるものと思える。

さらに、これまで注目されてこなかった点として、蝦夷・隼人らに「慰撫」を目的とした王族女性の降嫁策を採用していない事実がある。

王権の各地の首長らとの政治的関

係は、もとより、婚姻関係だけで律しきれるものではなく、倭王権との婚姻関係を示す「キサキ」群は、その支配を示す一部にすぎないことを忘れてはならないであろう。

しかし、記紀に記載されたキサキとの婚姻を物語る記事が作為と伝承によるものと仮定したとしても、倭王権の婚姻を媒介とした服属・同盟の世界は、地域的に限定されたものでしかなく、列島の各地域を覆い尽くすものでなかったことを露呈させているのは、見落とすことのできない点である。

近親婚と婚姻タブー

倭王権の婚姻の特質として挙げることのできるものに、その婚姻が閉鎖的であるという点がある。その例証はいくつも挙げることができるが、ここでは、その一つとして、婚姻相手を近親に求める近親婚の盛行を挙げることとする。以下に、具体的な例証を天智のキサキとその子女および天武のキサキとその子女の婚姻の中にみてみよう。

近親婚の盛行

天智と天武のキサキ群とその子女らを示すと以下のようになり、その婚姻関係のわかるものを整理して示せば、表3のようになる。

この表3に示したように、皇極（斉明）を母とする天智と天武の同母兄弟が取り結んだ婚姻は、天武とその子息らによる天智の子女の婚姻の包囲網によって、他の者が入り込む余地をほとんど残していない。

すなわち、天智の子女の四人の皇子と十人の皇女の計十四子のうち、夭逝が明らかな建皇子を除くと、泉皇女・水主皇女の二人がその婚姻関係を明らかにできないが、残る十一人は、天武ないし天武の子息と子女との婚姻関係がうかがえるのである。

また、天武の子女の十人の皇子と七人の皇女の計十七人の婚姻は、天智の子女と婚姻した七人と天武の子女間で婚姻した四人（但馬皇女の例を二件と計算すると五人となる）の計十一人となる。

これら皇子や皇女の婚姻についての詳細は次節で述べるので、以上の指摘にとどめておき、ここでは、もう少し大海人（天武）の婚姻への対応に焦点を絞ってみると、さらに着目すべき点を見出すことができる。

その一つに挙げられるのが、大海人（天武）による、天智の子女四人のキサキへの取り込みである。すなわち、四人とは、天智の嬪であった蘇我山田石川麻呂大臣の女の遠智娘(おちのいらつめ)との所生子の大田皇女と鸕野(うの)皇女（持統）、同じく嬪の阿倍倉梯麻呂大臣の女の橘娘との所生子の新田部(にたべ)皇女、宮人であった忍海造小竜の女の色夫古娘(しこぶこのいらつめ)との所生子の大江皇女で

表3　天智・天武の皇子・皇女とその婚姻相手

天皇	后妃			皇子女	婚姻相手
天智天皇	大后	古人皇子の女	倭姫		
	嬪	蘇我山田石川麻呂大臣の女	遠智娘	大田皇女	天武
				鸕野皇女（持統）	天武
				建皇子	不詳
	嬪	遠智娘の弟	姪娘	御名部皇女	高市皇子
			（桜井娘）	阿陪皇女（元明）	草壁皇子
	嬪	阿倍倉梯麻呂大臣の女	橘娘	飛鳥皇女	忍壁皇子
				新田部皇女	天武
	嬪	蘇我赤兄大臣の女	常陸娘	山辺皇女	大津皇子
	宮人	忍海造小竜の女	色夫古娘	大江皇女	天武
				川嶋皇子	泊瀬部皇女
				泉皇女	不詳
		栗隈首徳萬の女	黒媛娘	水主皇女	不詳
			越の道君伊羅都賣	志貴皇子	多紀皇女
			伊賀采女宅子娘	大友皇子	十市皇女
天武天皇	皇后		鸕野皇女	草壁皇子	阿陪皇女（元明）

妃		大田皇女	大来皇女	不詳
			大津皇子	山辺皇女
妃		大江皇女	長皇子	不詳
			弓削皇子	紀皇女
妃		新田部皇女	舎人皇子	当麻山背
夫人	鎌足女	氷上娘	但馬皇女	高市皇子・穂積皇子
夫人	鎌足女	五百重娘	新田部皇子	不詳
夫人	蘇我赤兄女	大蕤娘	穂積皇子	但馬皇女
			紀皇女	弓削皇子
			田形皇女	六人部王
	鏡王女	額田姫王	十市皇女	大友皇子
	胸形君徳善女	尼子娘	高市皇子	御名部皇女
	宍人臣大麻呂女	檝媛娘	忍壁皇子	飛鳥皇女
			磯城皇子	不詳
			泊瀬部皇女	川嶋皇子
			多紀皇女	志貴皇子

（注）皇子・皇女の名の異伝は省略。

ある。天武のキサキは十一人が知られているが、そのうち天智の子女の四人とこのような近親婚を取り結んでいるのである。

姉妹型一夫多妻婚

天武の大田皇女と鸕野皇女（持統）との婚姻は、一夫多妻婚（polygyny）の一類型で、一人の男性が姉妹を妻として娶（めと）る婚姻の形態である姉妹型一夫多妻婚とも呼ばれるものである。注意を要するのは、天武がこれとは異なるもう一組の同母姉妹である中臣鎌足の女である氷上娘（ひかみのいらつめ）と五百重姫（いほへひめ）を娶っている点である。表4に示すように、天武が行った同母姉妹の一夫多妻婚はそれほど特異というわけではないが、一組でなく二組の姉妹型一夫多妻婚を行っているのは、珍しいものといえよう。

このような姉妹型一夫多妻婚の例は、早く飯田優子氏が論文「姉妹型一夫多妻婚―記紀を素材として―」（『現代のエスプリ』一〇四、一九七六年）において注目し、その後、官文娜『日中親族構造の比較研究』（思文閣出版、二〇〇五年）やその他の研究者も着目し、ここに掲げた例にとどまらないことがわかっている。

例えば、記紀が伝える日本神話でも、邇邇芸命（ににぎのみこと）は木花咲耶姫（このはなさくやひめ）と婚姻を結んだが、姉の岩長姫との婚姻を望まれ、二人と婚姻関係を結んでいる。いま、こうした神話の例や次節でふれる敏達天皇と広姫との子である押坂彦人皇子のようなミコの姉妹型一夫多妻婚を含めずに、大王に限定して姉妹型一夫多妻婚の例を取り出すと、表4に示される結果となる。

表4による限り、記紀が記述する大王による姉妹型一夫多妻婚は、古代の特定の時代に

行われていた婚姻とみることはできず、古代にあっては頻繁に生じるものではないが、さりとて、きわめて希なものというわけでもない。この点が重要であるので、記紀の中に具体例を求め、垂仁天皇と応神天皇の例を詳しくみてみよう。

垂仁と応神の場合

垂仁天皇は、最初、狭穂姫を「皇后」にしていた。ところが、狭穂姫はその兄の狭穂彦が起こした反乱に不本意ながら荷担してしまうが、天皇への「恩(みうつくしび)」も忘れることができず、燃えさかる火の中で自殺してしまう。その狭穂姫が最後に残した言葉として、『日本書紀』は、次のような内容を記している。

すなわち、狭穂姫は、かつて自分が管掌していた（「妾が掌りし」）「後宮(きさきのみや)の事」は、「好(よ)き仇(をみなども)に授けたまへ」と述べ、その任をまかせるに相応しい者として、丹波国にいる丹波道主王の五人の女が「志並(こころならび)に貞潔(いさぎよ)」いことから、「掖庭(うちつみや)に納(めしい)」れることを薦めている。

この一文、「仇」の箇所は、「仇」が「仇敵」などの言葉を連想すると、「アダ・カタキ」などの意味を考えたくなるが、そうではない。日本古典文学大系本『日本書紀』は、この「仇」を「をみなども」と訓(よ)み、それは、「仇」（きゅう）が「逑」（きゅう）と同音で、「逑」は「つれあい・配偶」の意であるので、古訓「ヲミナドモ」にしたがった、としている。また、「後宮」や「掖庭」の語は、『日本書紀』編纂時の知識にもとづくものである

表4　姉妹型一夫多妻婚

天皇		名		出自
孝霊		夜麻登玖邇阿禮比賣命		
		蠅伊呂杼（はえいろど）		阿禮比賣命之弟、
		倭国香媛	妃	〈亦名・絙某姉〉
		絙某弟（はえいろど）	妃	
垂仁		氷羽州比賣命（ひばす）		旦波比古多多須美知宇斯王之女
		沼羽田之入毘賣命		氷羽州比賣命之弟
		阿耶美能伊理毘賣命		沼羽田之入日賣命之弟
		苅羽田刀辨		山代大國之淵之女
		弟苅羽田刀辨		大國之淵之女
		日葉酢媛		
		渟葉田瓊入媛（ぬはたにいり）	妃	丹波道主王の女
		薊瓊入媛（あざみにいり）	妃	丹波道主王の女
		真砥野媛（まとの）	妃	丹波道主王の女
		該当なし		
		該当なし		
		針間之伊那毘能大郎女		

景行		伊那毘能若郎女		伊那毘能大郎女之弟
		播磨稲日大郎姫		
		該当なし		
応神	気長足姫尊	高木之入日賣命		
		中日賣命		
		弟日賣命		
		宮主矢河枝比賣		丸邇之比布禮能意富美之女
		袁那辨（おなべ）郎女		矢河枝比賣之弟
		高城入姫	妃	（皇后の姉）
		仲姫	皇后	皇后
		弟姫	妃	（皇后の妹）
		宮主宅媛	妃	
		小瓰（おなべ）媛	妃	宅媛の妹（和珥臣祖、日触使主（ひふれおみ）の女）
仁徳		八田若郎女		
		宇遅能若郎女		
		八田（矢田）皇女	皇后	（応神・宮主宅媛の子）
		該当なし		

履中		反正		允恭		安閑			
磐之媛命		磐之媛命		磐之媛命					
該当なし	該当なし 太姫郎姫 高鶴郎姫	都怒郎女 弟比賣	津野媛 弟媛	忍坂之大中津比賣命	忍坂大中姫 衣通郎姫（そとおしのいらつめ）	該当なし	紗手媛 香香有媛（かかりひめ）	石比賣命 小石比賣命	岐多斯比賣
							妃		
	鯽魚磯別王（ふなしわけ）の女 鯽魚磯別王の女	丸邇之許碁登臣之女 同臣之女	大宅臣の祖、木事の女 大宅臣の祖、木事の女		意富本杼王之妹 （忍坂大中姫の妹）			檜坰（ひのくま）天皇之御子 （石比賣命）の弟	宗賀之稲目宿禰大臣之女

天皇		后妃	地位	出自
欽明		小兄比賣		岐多志毘賣命之姨
	手白香皇女	石姫	皇后	宣化女
		稚綾姫皇女	妃	皇后弟
		日影皇女	妃	皇后弟
		堅塩媛	妃	蘇我大臣稲目の女
		小姉君	妃	堅塩媛同母弟
天智		遠智娘	嬪	蘇我山田石川麻呂大臣の女
		姪娘（櫻井媛）	嬪	遠智娘の弟
天武		鸕野皇女	皇后	
		大田皇女	妃	
		氷上娘	夫人	
		五百重娘	夫人	

ことはいうまでもない。

狭穂姫が薦めたという丹波道主王の五人の女とは、日葉酢媛（ひばすひめ）・渟葉田瓊入媛（ぬはたにいり）・真砥野媛（まとの）・薊瓊入媛（あざみにいり）・竹野媛（たかの）のことであり、垂仁十五年二月には大王の下に召され、八月に日葉酢媛が「皇后」とされ、渟葉田瓊入媛・真砥野媛・薊瓊入媛の三人は「妃」とされた。

ところが、竹野媛だけは、「形姿醜きに因りて」丹波へ返されることになり、竹野媛はそのことを羞じて、途中で自殺してしまう。垂仁天皇のこれらキサキたちについての話は、これ以上何もない。

このうち、『古事記』開化記の記述から、「比婆須比売（日葉酢媛）」と「真砥野比売（真砥野媛）」の二人が、丹波道主王を父とし、「丹波之河上之摩須郎女」を母とする同母姉妹であることがわかる。『古事記』開化記には、いま一人「弟比売」の名が記載されているが、それが『日本書紀』に記載された残りの三人の誰か、ないしは別人の伝承なのかの判断ができない。

したがって、この説話は、垂仁天皇が丹波道主王を父とし「丹波之河上之摩須郎女」を母とする姉妹と、別人を母とする三人を召し、一人を帰したものと考えるのがよいのであろう。とすれば、この説話は、垂仁天皇と丹波道主王を父とする同母姉妹と異母姉妹の婚姻ということになる。

次いで応神天皇は、『日本書紀』の記載によれば、その即位にあたって「品陀眞若王の女」が生んだ三人の同母姉妹である仲姫を「皇后」に、姉の高城入姫と妹の弟姫を「妃」としている。「品陀眞若王」は景行天皇の孫にあたり、五百木入彦命の子でもある王であるが、三人の同母姉妹の母は、その名を伝えていない。

応神の例は、同母姉妹をキサキに迎えた場合、姉が必ずしも「皇后」になるわけではないことを示しており、長幼の順が大王のキサキの序列に直結していないことを物語っているのであろう。

応神で注目すべきは、「品陀眞若王の女」を母とする三人の同母姉妹だけでなく、和珥臣（わにのおみ）祖となる「日触使主（ひふれのおみ）の女」を母とする「宮主宅媛」と、「小甂媛（おなべ）」の同母姉妹もキサキとしていることである。

同母姉妹の二組をキサキにしている例は、本書末尾の表から表3を参照すれば、該当するのは、応神・欽明・天武らが挙げられるが、それはきわめて珍しいものといえる。

これまでみてきた姉妹型一夫多妻婚は、日本の古代王権の特異な婚姻の例を示すものであるが、特異であっても稀少ではない。その婚姻は、同母姉妹・異母姉妹・その混合などの区別や、一組・複数組の相違などなどにまで留意すれば、その実際は実に多様な在り方を示しているのである。

また、この姉妹型一夫多妻婚は日本にだけみられる特異な婚姻例であるわけではなく、古代という時代や王権という特別の階級のものに限ってみられる婚姻というわけでもないのである。

日本古代において、近親婚と呼べる婚姻は他にもある。それは、同世代の近親の男女の婚姻と相違し、世代を異にする近親の男女のオジとメイ、オバとオイとの婚姻である。

オバ―オイ婚・オジ―メイ婚

こうした婚姻は、異世代婚とも呼べるものであるが、具体例をいくつか示しておこう。図2と表5に示したように、オバ―オイ婚やオジ―メイ婚の例は、古代の王族の婚姻を子細にみていくと、数の少ない珍しい婚姻というわけではないことがわかってくる。ところが、こうしたオバ―オイ婚やオジ―メイ婚は、現代では民法七三四条一項が、「直系血族又は三親等内の傍系血族の間では、婚姻をすることができない。但し、養子と養方の傍系血族との間では、この限りでない」と規定しているように、禁止されている婚姻なのであるが、社会的条件の相違する古代では禁止されていないのである。

先に近親婚の現れとして、同母姉妹型一夫多妻婚の例を記したが、ここでは、近親婚の別の現れでもあるオジ―メイ婚の具体例として、天武と天智の女である太田皇女・持統（鸕野皇女）・新田部皇女・大江皇女の四人との婚姻関係、および少し世代をさかのぼらせて孝徳と間人皇女の婚姻関係を示しておこう。

オバ―オイ婚の具体例としては、天智の女たち、元明（阿倍皇女）・御名部皇女・山辺皇女・飛鳥皇女らと、天武の子らである草壁皇子・高市皇子・大津皇子・忍壁皇子らの婚姻と、やはりこちらも少し世代をさかのぼらせて田眼皇女と舒明天皇の婚姻関係を示した。

古代に近親婚が盛行した理由について、西野悠紀子氏は、「母系を通じて他氏族への血統が流出しない閉鎖的な血縁集団」が形成された点を早くから重視しており、継承されるべき視点と考える（「律令体制下の氏族と近親婚」『日本女性史』一、東京大学出版会、一九八二年）。また、吉田孝氏は、「一つに近親婚を重ねることで、豪族層から外戚として介入を受けない、自立した王家を確立するために、こうした婚姻が行われたとしている」（『歴史のなかの天皇』岩波書店、二〇〇六年）としている。

なお、近親婚の盛行の理由は、他方でそれを禁止する理由を考えることでわかってくる面もあると思える。次にそれをみてみよう。

婚姻のタブー

これまで、王権の婚姻を特徴付けるものとして、多様な近親婚を重ねてきていることを述べてきたが、近親婚は無制限に許されていたわけではない。当然、近親婚の禁止は、程度の差はあるが、世界に普遍的にみられるものである。日本においても例外でなく、『日本書紀』や『古語拾遺』が「国津罪（くにつつみ）」として「己が母犯

図2　天智・天武朝のオバーオイ婚とオジーメイ婚

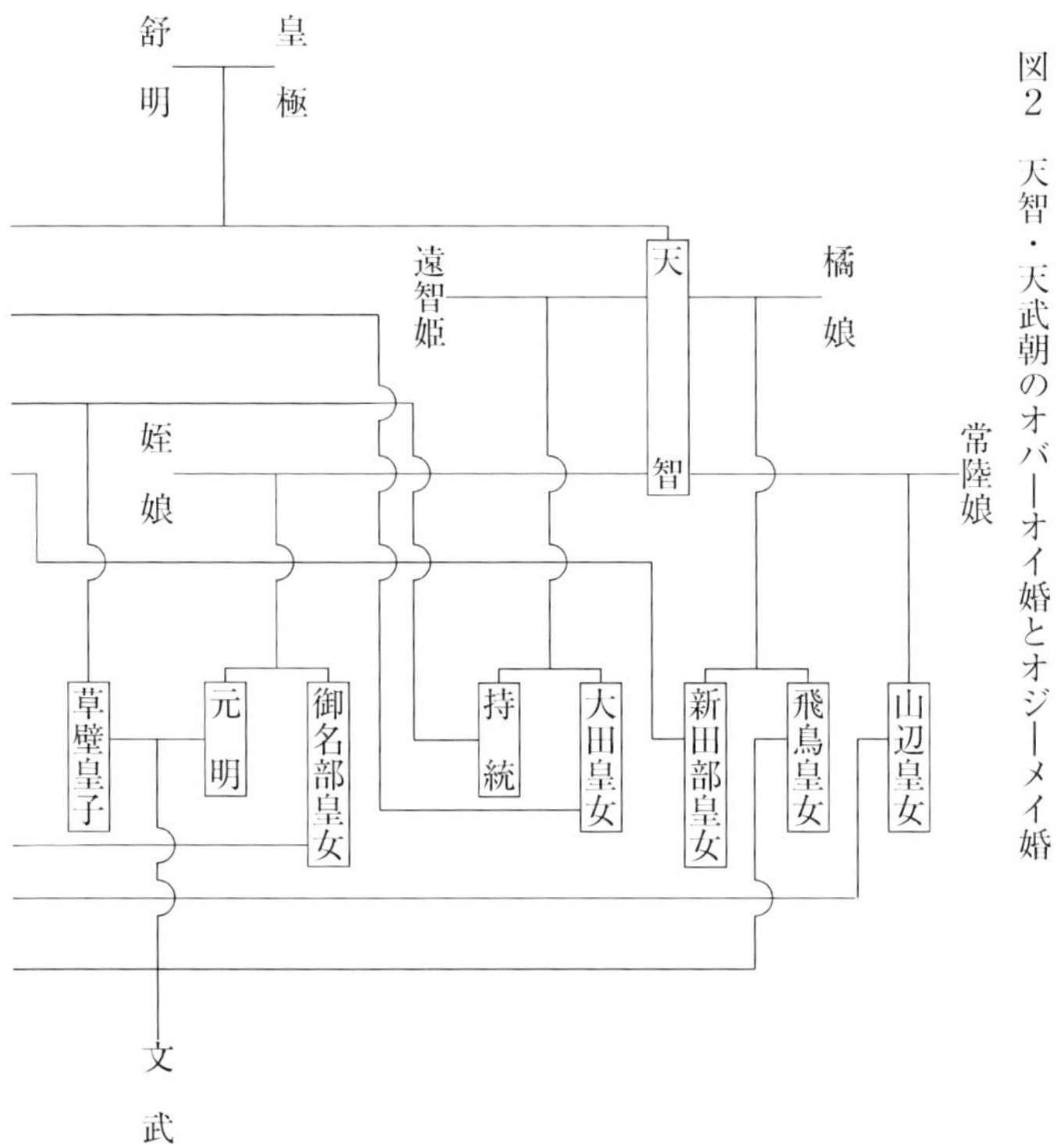

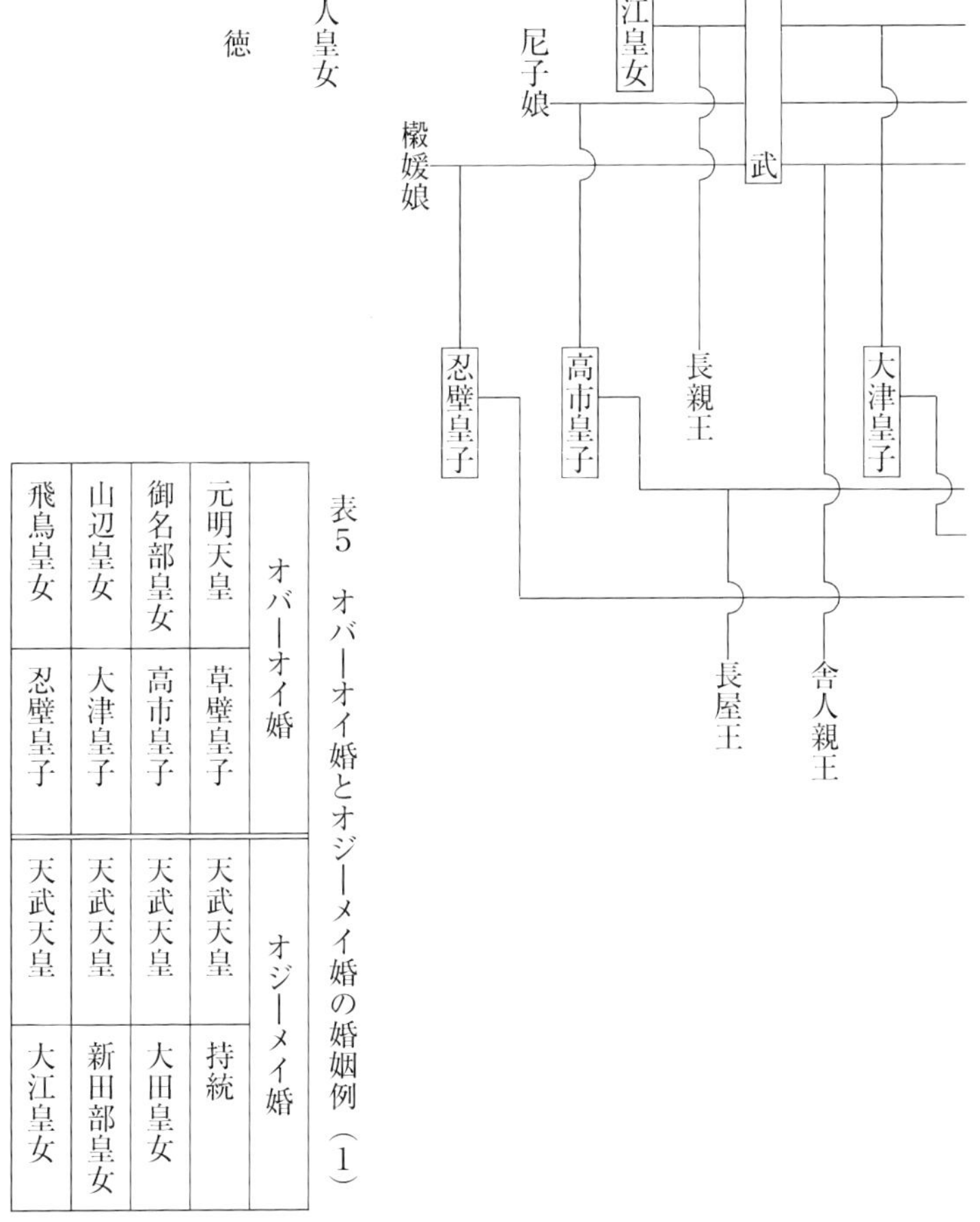

表5　オバーオイ婚とオジーメイ婚の婚姻例（1）

オバーオイ婚		オジーメイ婚	
元明天皇	草壁皇子	天武天皇	持統
御名部皇女	高市皇子	天武天皇	大田皇女
山辺皇女	大津皇子	天武天皇	新田部皇女
飛鳥皇女	忍壁皇子	天武天皇	大江皇女

せる罪」「己が子犯せる罪」「母と子と犯せる罪」「子と母と犯せる罪」の四つを挙げて、近親相姦が罪となることを記している。

　これらの近親相姦の罪とは異なるが、記紀が好ましい婚姻とみなかったと考えられるものに「同母兄弟姉妹間の婚姻」がある。

「同母兄弟姉妹間の婚姻」がタブー視された婚姻であることを推測させるのは、記紀が共通して記す允恭天皇のキサキである忍坂大中姫を母とする木梨軽皇子と同母妹の軽大娘皇女の「相姦」事件である。

　木梨軽皇子は允恭天皇を父とし、忍坂大中姫（応神天皇の子、稚渟毛二岐皇子の女）を母とする九人の皇子・皇女の長男にあたる皇子である。

　その兄弟姉妹を長幼順に並べて記すと、木梨軽皇子・名形大娘皇女・境黒彦皇子・穴穂天皇（安康天皇）・軽大娘皇女・八釣白彦皇子・大泊瀬稚武天皇（雄略天皇）・但馬橘大娘皇女・酒見皇女となる。

　允恭と忍坂大中姫の長子にあたる木梨軽皇子は、記紀の記述によれば両書ともに、次期天皇への即位を可能とする「皇太子」となっている。

『古事記』の記載によれば、立太子した木梨軽皇子は、允恭天皇没後、同母妹の軽大娘皇女との相姦が発覚し、その結果、人々が軽太子に背くようになり、穴穂天皇（安康天皇）を支持するようになっていった（「百官と天下の人等及、軽太子を背き而、穴穂御子に帰りぬ」）。百官らが従わないとみた木梨軽皇子は、大前小前宿禰の家に逃げたが、軽皇子は大前小前宿禰に捕えられ、軽太子は伊余の湯に流され、やがて先に流されていた軽大娘皇女と二人ともに自殺してしまう。

これに対し、『日本書紀』は、「容姿佳麗」な木梨軽皇子が立太子するが、同母妹の軽大郎女と通じたことが発覚する。しかし、木梨軽皇子は「儲君（もうけのきみ）（皇太子）たり、加刑すること」ができないので、軽大郎女を伊予に移す。その後、允恭天皇が亡くなり、葬礼が終わったが、その間に「太子暴虐行て、婦女に淫（たわ）けたまう」出来事が生じる。結果、「国人誇（そし）りまつる。群臣従へまつらず。悉に穴穂皇子に隷（つ）きぬ」という状況になってしまう。木梨軽皇子は、物部大前宿禰の家に匿れるが、いつまでも続かず、結局、自殺することになる。

『日本書紀』の所伝の重要性は、木梨軽皇子の最期を「自殺」ではなく、「一云。伊予国に流したてまつる」とする異伝も記しているところにある。

木梨軽皇子と軽大娘皇女は、允恭天皇と忍坂大中姫の間に生まれた五男四女の子のうちの二人で、木梨軽皇子からみると同母弟に穴穂天皇（安康天皇）・大泊瀬稚武天皇（雄略天皇）がいる。

このうち、安康（穴穂）天皇は、木梨軽皇子が「相姦」で人望を失い、「皇太子」の地位から失脚したため即位できたようになっており、本来ならば木梨軽皇子が即位するところであったのである。

日本古代の婚姻は、異母兄弟姉妹間の婚姻は許されており、その例は数多くみられる。だが、同母兄弟姉妹間の婚姻は、実際にどの程度存在したのかは不明であるが、タブー視されていたことを物語るのが、この木梨軽皇子と同母妹の軽大娘皇女の「相姦」事件なのである。

レヴィ＝ストロースは、未開社会のフィールドワークを通じて、「婚姻制度や贈与により異なる集団が巧妙に対立を回避させている」ことを見出し、「社会全体からみて、婚姻による女性の交換は、家族や親族などの集団が他の集団との紐帯をもつのに最も有効な手段であり、その機会を確保するため近親相姦や集団内の婚姻が禁じられるようになった」と述べている（『親族の基本構造』青弓社、二〇〇〇年）。この説によれば、近親相姦の禁止は族外婚の奨励ということになる。

レヴィ＝ストロースは、他集団との外婚規則の下では、女性そのものが贈り物の一つであり、互酬贈与でしか獲得できない最高の贈り物であるとしたが、女性に限定されるとみることに異論も生じる。

レヴィ＝ストロースのこうした主張に対して、エドモンド・リーチらの異論も出されているが（『人類学再考』思索社、一九九〇年）、本書では深く立ち入ることはしないことにする。

中大兄皇子と間人皇女

前述したように、同母兄弟姉妹間の婚姻はタブー視されたものであった。このように理解し、葛城（中大兄）皇子の即位が遅れた理由の解明に挑んだのが、万葉学者の吉永登（みのる）氏であった（「間人皇女―天智天皇の即位をはばむもの」『万葉―歴史と文学のあいだ』創元社、一九六七年）。その内容は、次のようなものであった。

「大化改新」後の大化元年（六四五）、皇極天皇が譲位すると孝徳天皇が即位し、難波に遷都する。白雉二年（六五一）の末、六年をかけた難波長柄豊碕宮がようやく完成した。だが、白雉四年、中大兄皇子は天皇に、大和への還都を提言すると、孝徳はこれを許さなかった。すると、中大兄は、母の皇極皇祖母、弟の大海人皇子に加えて、中大兄の妹である

図３　天智天皇陵（京都市山科区所在）

間人皇后らを引き連れ、群臣らと勝手に大和へ移ってしまった。このとき、孝徳が夫を捨て兄に従った間人皇后に送った和歌が次のようなものであった。

鉗（かなき）着け　吾が飼う駒は引出せず
吾が飼う駒を　人見つらむか

その大意は、「廐の中から引き出しもせず、いつも棒に頸をつないで大切に飼っている私の駒を、人が見たことであろう」である。吉永登氏は、歌中にある「見る」という語は、古代、男女の間で用いられる場合は「夫婦の契りを結ぶ」という意味が含意されているところから、中大兄と妹の間人との間に婚姻関係を想定する。

中大兄が天皇になかなか即位しない理由の一つに「禁忌の婚姻」を挙げて、解釈を試みたわけであるが、支持する人も多い。

『日本書紀』の中大兄皇子像は、蘇我蝦夷・入鹿の専制を打破する有能・勇敢な皇子である。蝦夷・入鹿を討った後、中臣鎌足の進言に従い、叔父の孝徳に位を譲り、みずからは即位しなかった、と記されている。さらに、孝徳没後も母が再び即位することを黙認し、その即位は重祚した斉明が筑紫で亡くなった後である。

母の皇極は初めての譲位を行った女帝であるが、一度辞めたにもかかわらず、再び王位に就く重祚を行った女帝でもある。葛城（中大兄）が、二度の異例を挟んでも、なお即位しなかったのは、何故か。

これは『日本書紀』の記述を素直に、順を追って読んでいくと自然と起こる疑問である。何故、即位しないのか。疑問がさらに疑問を生む。何故、即位しないのか、ではなく、何故、即位できないのか、と疑問が膨らめば、「吾が飼う駒を人見つらむか」の吉永氏の解釈に納得する人が出るのは自然であろう。穿ちすぎとの批判もあるが、決定的な批判となっていないと思える。

しかし、同母兄弟姉妹間の婚姻が近親婚の禁を破ったものとの評価は、鉄案というわけではない。それは、同母兄弟姉妹間の婚姻がタブー視されていたかを疑わせる点もあるからである。それを示すのが、藤原多比能（たびの）と橘諸兄の婚姻例である。

橘諸兄と藤原多比能

すなわち、橘三千代は、藤原不比等との間に藤原多比能を生んでいるが、前夫の美努王との間に橘諸兄を生んでいる。藤原多比能と橘諸兄の同母兄弟姉妹の二人は婚姻し、橘奈良麻呂が誕生しているが、そのことから特別の非難を被っていることはない。

もっとも、この理解は、藤原多比能が橘諸兄の室とする『公卿補任』や『尊卑分脈』の記述を前提にしている。

『尊卑分脈』によれば、この藤原多比能は従三位の高位に昇った女性とされているが、不思議なことに正史にその名をみせない。名がみえないのは、「多比能」が誤伝・誤写だからではないかとの疑念もわいてくる。

時期が合致する高位の女性を探ると、『続日本紀』天平勝宝元年（七四九）夏四月甲午朔条に正三位橘夫人や従五位上藤原朝臣袁比良女（おひらめ）らといっしょにその名をみせる藤原吉日（きひ（きび））（あるいは「よしひ」と訓むか）の名がみえ、この日、従四位上から従三位に昇叙されている。角田文衛氏は、上記の推論から、この藤原吉日を藤原多比能と同一人物ではないかと考えている（「不比等の娘たち」『角田文衛著作集』第三巻、法蔵館、一九八五年）。

その可能性はないとは言い切れないが、藤原吉日が橘諸兄と婚姻し、橘奈良麻呂を生んだとするには、なお検討が必要と思える。

したがって、藤原多比能と橘諸兄の同母兄弟姉妹婚が、事実であったか否かは不明とせざるを得ないが、まったくあり得ないことと言い切ることもできない。

図4　橘三千代とその子たち

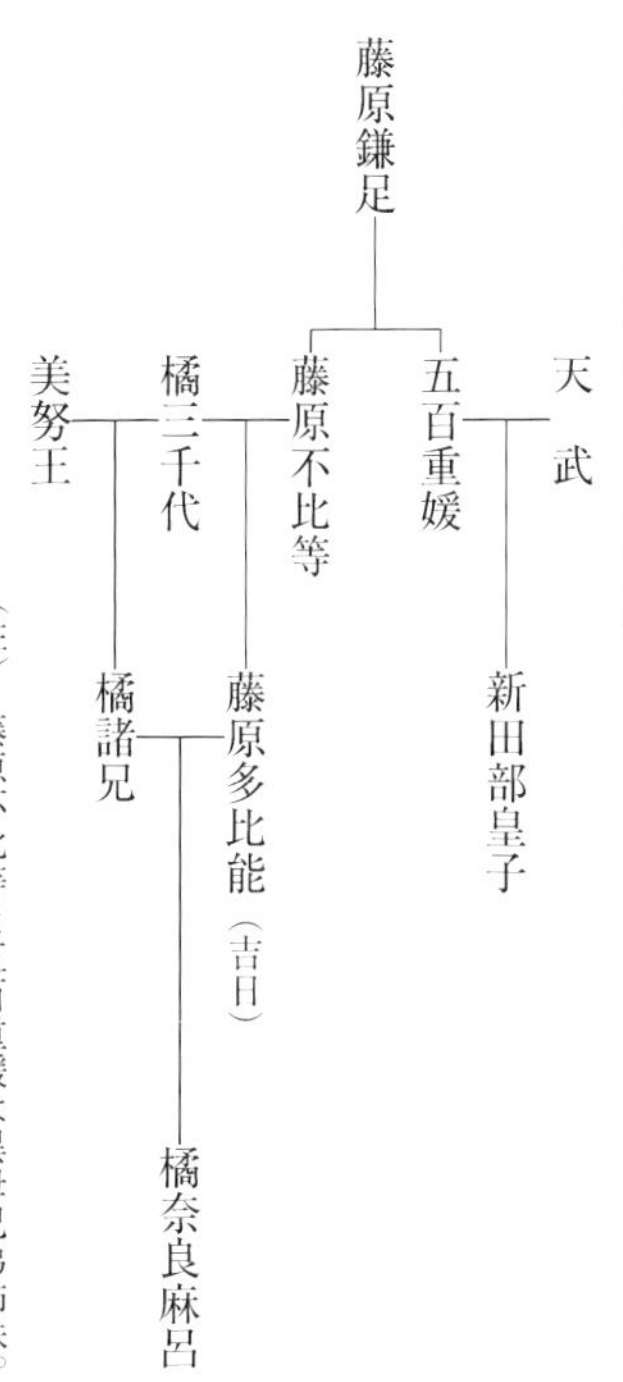

後章で改めて記すが、藤原氏の始祖にあたる藤原鎌足や氏族としての藤原氏の位置を決定的なものとした藤原不比等らは、他氏族と異なる特別な処遇を受けていたと考えられることが多々ある。それは、婚姻も例外ではない。藤原氏への破格の処遇として「同母兄弟姉妹婚」を認めていた、と考えるのも一案である。それとは逆に、当時、認めがたかった「同母兄弟姉妹婚」となってしまう橘諸兄と藤原多比能（吉日も同様）の婚姻はあり得ないことで、橘奈良麻呂の母とする『公卿補任』や『尊卑分脈』の記述も信じがたい、と考えるのも一案である。

世界の王権の歴史をみると、王や王の一族の婚姻は一般の人々が守るべき婚姻の規範と異なり、ときとして「近親相姦の禁止」＝「インセスト・タブー」の規範すら適用されないことがある。こうした王ないし王族に特権的に許された近親婚は、「ロイヤル・インセスト」と呼ばれている。

前者の一案は、日本の古代が、同母兄弟姉妹婚を「ロイヤル・インセスト」の範囲に入る婚姻と認め、藤原氏に準用したものとする考えとなる。いずれが正解か、にわかに決しがたいので、最終判断を保留しておきたい。

ミコ・ヒメミコの婚姻

これまで、日本古代の王権の中枢に位置する大王や天皇の婚姻について記してきた。本節では、大王や天皇の子女にあたるミコ・ヒメミコや、キサキとして王族に入り込んだ女性らが置かれていた婚姻環境を、その規制の面からみてみよう。そこには、古代王権の婚姻の実態が、その特色とともに現れてくるであろう。

皇族と皇親

現代では、皇統に属する天皇の一族を「皇族」と呼んでいる。皇族の構成員は、明治二二年（一八八九）二月十一日に裁定された旧『皇室典範』では、皇后・太皇太后・皇太后・皇太子・皇太子妃・皇太孫・皇太孫妃・親王・親王妃・内親王・王・王妃・女王である（三〇条）。また、皇室親族令により、姻族の範囲は三親等内と規定された。

戦後は、昭和二二年（一九四七）一月十五日に公布され、五月三日から施行された新『皇室典範』第二章「皇族」第五条に引き継がれ、「皇后、太皇太后、皇太后、親王、親王妃、内親王、王、王妃及び女王を皇族とする」と規定されている。

これに対し、古代では「皇族」にあたる語は「皇親」であり、『養老令』には「皇親」の範囲が次のように規定されている。

○『養老令』「継嗣令」第一条皇兄弟子条

凡そ皇兄弟・皇子は、皆親王と為す。女帝の子も亦同じ。以外は並に諸王と為す。親王より五世は王の名を得ると雖も、皇親の限りに在らず。

『大宝令』も同様の規定であったと考えられ、天皇の兄弟およびその子女が一世王であり、以下、孫（二世王）・曾孫（三世王）・玄孫（四世王）までが「皇親」であり、五世王は皇親から除外される。

一世王は男性を親王、女性を内親王と称し、二世王から四世王の男女は、それぞれ王・女王と呼ばれた。王・女王の称は、皇親から外された五世王も許されており、この点に限れば二世王以下と同様の処遇であった。

このうち、「親王」の語は、中国に出典を求めることができるが、『日本書紀』天武四年

（六七五）二月己丑条に、「詔して曰く、甲子年諸氏に給はる部曲は、今より以後、皆除之。又親王・諸王及び諸臣、幷（なら）びに諸寺等に賜ふ所の山沢島浦・林野陂池は前後並びに除よ」とみえるのが初見である。

これに対し、「内親王」の語は日本独自の称であり、『日本書紀』持統五年（六九一）春正月癸酉朔条に、「親王・諸臣・内親王・女王・内命婦等に位を賜ふ」とみえるのが初見である。このように、『日本書紀』の「親王」「内親王」の語は、その初見記事の時期がズレている。これは、偶然とみるよりは、「親王」の語がまず生まれ、次いで「内親王」の語が生まれた歴史を物語っているのであろう。

このように律令では規定されていたが、その運用・実施をしていくと、いろいろと問題が多かったようで、早くも、慶雲三年（七〇六）二月十六日に五世王も皇親とする改変をしている。さらに、天平元年（七二九）八月五日には、五世王の嫡子已上が孫女王を娶って生まれた男女も皇親とするようになり、皇親の範囲が広がったが、延暦十七年（七九八）閏五月二三日に旧に復し、皇親の範囲は四世王までとなった。

皇親と婚姻の身分規制

新『皇室典範』によれば、皇族男子の婚姻は皇室会議を経ることが必要であり（第一〇条）、皇族女性（内親王・女王）が天皇および皇族以外の者と婚姻したときは、皇族の身分を離れる（第一二条）ことになっている。今日、何かと問題になるのが、後者の第十二条が旧『皇室典範』をそのまま引き継ぎ、皇族女性が婚姻に際して、皇族身分を離れるとした規定である。

本題である古代の皇親の婚姻規定は、律令にうかがうことができるもので、次の『養老令』「継嗣令」第四条王娶親王条は見すごすことのできない規定である。

凡そ王は親王を娶り、臣は五世王を娶ることを聴せ。唯し、五世王は、親王を娶ることを得ず。

この条に該当する『大宝令』もほぼ同文である。それは、天平年間に成立した『大宝令』の注釈書である『令集解』同令同条の古記が、『大宝令』に存在した条文の一部を「臣娶五世王者聴」と引用していることからわかる。

条文は、諸王は内親王以下、五世王は諸女王以下、諸臣は五世女王以下をそれぞれ娶ることができるというものであり、天皇との血統の遠近によって皇親の婚姻が律せられていることがわかる。

本書でとりわけ注目しておきたいのは、臣下と皇親との婚姻で許されるのが五世の女王であり、内親王以下四世までの女王と臣下の婚姻は厳禁されていたことである。

したがって、四世王までの王族女性は、臣下との婚姻の途を閉ざされた結果、王族内でその途を探るしかなかったことになろう。

なお、以下、原則として律令制下の場合は四世王までの王族女性は「皇女」と記し、令制施行以前は大王の血統に繋がる女性を「王族女性」「ヒメミコ」と記したりするが、叙述の便宜から、史料の表記のままに「皇女」と記すこともあることを了解願いたい。

このように、こうした婚姻規制が「大宝令」にまでさかのぼって存在したことが確実であることから、日本古代の八世紀の「皇親」の婚姻は、法的にはその婚姻の対象がきわめて限定されていたことになる。

なお、今日においても新『皇室典範』第一二条が、皇族女性は天皇および皇族以外の者と婚姻したときには皇族の身分を離れると定めているように、内親王位を保持するためには皇族との結婚が前提になっており、歴史的に一貫した規範となっている。

婚姻規制の例外

それでは、『大宝令』で規定された王族女性の婚姻規制は、さらに八世紀以前にさかのぼるとどうであったのであろうか。

結論を先に書くことになるが、七世紀にさかのぼって史資料を探っても、大王の王族女性やキサキが臣下の男子と婚姻を結ぶ例は、次に挙げるようなわずかな例外があるだけである。

そのわずかな例外にあたる所伝とは、天智妃であった鏡女王が、中臣鎌足の室であったというものであり、大王のキサキとの婚姻を伝える珍しい所伝である。

また、後述するように、中臣鎌足は、「采女」の「安見児（やすみご）」を賜ったという所伝もある。先に記したように、「采女」は大王の寵愛を得ることで、キサキになることもあり、キサキとなっていた采女であるならば、王族女性の臣下との婚姻になるので、留意しておく必要があろう。

これらは、いずれも『万葉集』からうかがうことができる。そこで、まず、史料を挙げておこう。

○内大臣藤原卿、娉（つまど）ひし時、鏡王女、内大臣に贈る歌一首
玉櫛笥　覆ふを安み　明けていなば　君が名はあれど　吾が名し惜しも（九三番）
○内大臣藤原卿、報へて鏡王女に贈る歌一首
玉櫛笥　みむろの山の　さな葛さ　寝ずはつひに　有りかつましじ（九四番）

『万葉集』の鏡王女に関する二つの史料で注意を要するのは、「鏡王女」の部分である。「鏡の王女」と区切って訓むか、「鏡王の女」と区切って訓むかが問題となるのである。

前者は、「鏡姫王」の名が『日本書紀』天武十二年（六八三）七月五日丙戌朔己丑条や庚寅条に「天皇幸鏡姫王之家、訊病。庚寅、鏡姫王薨」とみえることから、「鏡王女」は「鏡姫王」と同一人物と考える意見を生み出す。

しかし、前者で区切った場合、後の「内親王」や「女王」のように、「王女」が一定の地位を示す語ということになるが、『万葉集』には、「王女」の用例は「鏡王女」と記す場合だけである。

さらに、「王女」の用例は、『古事記』や『日本書紀』にもみられないのである。管見の限りであるが、わずかに兵庫県城崎郡日高町の但馬国分寺跡から出土した木簡に、国分寺で働く男女を連記した中に「小王女」とみえるのが一例あるだけであり、これとても「王女」の用例にあてはまるものでない。

「王女」を調べて行く中で気付いたことであるが、「○○王の女—○○（皇女名）」と記す用例が、『日本書紀』に少なくないことである。この点に依拠すると、『万葉集』の「鏡王女」の記載は、「鏡王の女」と理解するのが妥当であると思える。

また、先に引いた史料であるが、『日本書紀』天武二年二月丁巳朔癸未条に、「(天武)天皇、初め〈鏡王女額田姫王〉を娶りて、十市皇女を生れませり」とある部分は、〈　〉の部分を「鏡王の女の額田＋姫王」と区切って理解し、訓むべきであろう。なお、「姫王」は、「女王」と同様に「ヒメオホキミ」と訓み、女性（ヒメ）の王族（オホキミ）を意味する語であったと考えられる。

『興福寺縁起』(醍醐寺本)や『七大寺巡礼私記』(藤田経世編『校刊美術史料』寺院篇上巻、中央公論美術出版、一九七二年)といった後代の史料は、いずれも「嫡室鏡女王」と記しているように、中臣鎌足の室が「鏡女王」であったとしている。これらは、『万葉集』の「鏡王女」の記載に影響を受けたものであり、「王女」を改変して、天皇の親族で親王（内親王）を除く五世孫までの女性王族の身位を示す公的な称である「女王」に代えて記したことによるものであろう。

直木孝次郎氏は、『額田王』(吉川弘文館、二〇〇七年)において、『万葉集』の「鏡王女」について、王族の「女王」を娶ることはあり得ないこととして、鎌足と「鏡王女」との婚姻を否定し、宴席における戯れ歌とする万葉研究者らの見解を支持している。

私も、これまでに述べてきた点を考慮して、『万葉集』の「鏡王（の）女」との歌の応答から二人の実際の婚姻を推測するのは難しいと考える。

なお、『大鏡』は、天智妃であった車持君与志古娘を鎌足の室とする所伝を記しているが、すでに上田正昭氏も述べているように、藤原氏の尊貴性を高めようとした作為からでた所伝とみるのが妥当であろう（『藤原不比等』朝日新聞社、一九七八年）。

次に「采女」との婚姻をうかがわせる万葉歌は、次の歌である。

○内大臣藤原卿、采女安見児（やすみこ）を娶（めと）りし時、作れる歌一首

我れはもや　安見児得たり　皆人の　得かてにすとふ　安見児得たり（九五番）

これも、宴席における戯れ歌として考える途もあるが、「采女」を臣下が賜る例が『日本書紀』に散見し、「采女」の下賜は中臣鎌足だけの特例でないことがわかる。

例えば、『日本書紀』は、雄略紀九年三月条で、紀小弓宿禰の新羅への派遣に際して、小弓の妻が亡くなり、その身辺をみる者がいなくなったことを天皇に上奏すると、雄略は「采女」の吉備上道大海を小弓に賜ったという説話を載せている。

しかし、これも特例であることに変わりはなく、「采女」は大王に近侍し、「奉事」する大王の独占物であったが故に、ウネメへの侵犯は、大王に対する犯罪である。だからこそ、臣下が采女に通じると「姦」になり、その罪の贖いは時には死をもって償うべきものとさ

れていたのである。同時に、臣下が、王の特別な計らいからウネメを賜るのは、臣下にとって特別の恩寵になるのである。

婚姻規制の淵源

雄略紀三年夏四月条は、湯人廬城部連武彦が栲幡皇女と通じたという虚偽の報告を武彦の父が聞き、「禍」が身に及ぶことを恐れて、息子を殺してしまうという話を載せている。

つまり、大王の許可なく、臣下が私に「皇女」＝王族女性と通じてしまうと、「姦」として処断されるのである。

これらの点を総合して考えると、ウネメの臣下への「下賜」は、特別とはいえその例があるが、「皇女」などの王族女性と臣下との婚姻は想定しにくい。

このように考えると、吉川真司氏の研究が実に示唆に富んでいる。氏は、大王の管掌下にあったとみられる采女の婚姻規制が八世紀には緩和され、その代償として身分的には単なる女官＝「宮人」となっていくことを論証している（「律令国家の女官」『律令官僚制の研究』塙書房、一九九八年）。

それによれば、その規制緩和の起源は、葛城（中大兄）皇子と「采女」伊賀宅子との所生子の大友皇子が大化四年（六四八）に出生していることから、七世紀中頃にさかのぼるものと考えられるのである。

特例とはいうものの、中臣鎌足が采女を賜ったのを史実として認める場合、こうした状況の変化も加わっているとみるべきなのかもしれない。

したがって、大王のキサキと臣下の婚姻は、その例の少ないことから、存在したとしても例外として扱うべきであり、また、その時期も七世紀中葉を大きくさかのぼることはないと考えられる。

それでは、前者の王族女性と臣下の婚姻はどうであろうか。管見の限りであるが、こうした例を記紀の記載から見出すことはできない。もちろん、記紀の最終的に完成したのが閉鎖的婚姻関係の顕著な時期であるだけに、それが記紀の叙述に強く及んでいる可能性もあり得る。だが、記録として信憑性のある帝紀的部分において、その例を見出せないことは軽視できないであろう。

ただ、この点を考えるうえで見のがせないのは、ヲホド王（＝継体）と手白髪の婚姻である。このヲホド王を実質的には一地方豪族とみると、王族女性と臣下の婚姻を示す唯一の例となるのである。

ヲホド王の実質的な面からの婚姻の評価を重んじれば、六世紀初頭までは王族女性と臣下の婚姻規制はなかったと考えられ、以後、欽明朝のころより規制が強化されたことになる。

だが、大王継体の登場に際して、継体が「応神五世孫」の伝えを保持する王族の一員であるヲホド「王」であったことが即位の必要条件であったとみなすことも可能である。この場合、先にみたように、「継嗣令」第四条の規定が、五世王の婚姻は諸女王以下とのそれが許されているだけであり、内親王とのそれは許されていない。したがって、ヲホド王と手白髪との婚姻は大宝令制下では法的には許可されないものであったことになる。それでいて、なお、ヲホド王の「応神五世孫」とする出自記載をもつ以上、この「応神五世孫」の出自の伝えは、何らかの意味をもっていたと考えざるをえない。その意味の一つとして、それが当時の王族女性との婚姻の条件を満たすものであったとする解釈の可能性を考えておきたい。

このように理解できるとすると、王族女性の婚姻は臣下を対象としないとする婚姻規制は六世紀をさかのぼって想定できることになる。

しかし、六世紀より前の王族の婚姻の実態はなお検討を必要とするので、本書では王族女性と臣下の婚姻の禁止が、五世紀の王権の婚姻にまで及ぶ可能性の高い事を指摘し、以後、この規制の慣行を下地にして『大宝令』に法文化されることになったことを確認することにとどめておきたい。

キサキノミヤとミコノミヤ

これまで大王や天皇の子女にあたるミコ・ヒメミコや、キサキとして王族に入り込んだ女性らが置かれていた婚姻環境をみてきたが、婚姻が取り交わされ場でもあるキサキ・ミコ・ヒメミコらの生活―居住空間を取り上げておこう。

なお、ここでいう「大王の子」は、男女の別なく「ミコ」と呼ぶのが正しく、「ミコ」は「御子」である。「ミコ」は、七世紀末には「皇子」や「皇女」と書き分けていたことが推測できるが、これらは男女を区別する熟語として同時期に使用されるようになったわけではない。男女の区別なく大王の子を「皇子」と漢字で書くことが先行し、「皇女」は時代的には遅れて生まれ、男を「皇子」、女を「皇女」と書くようになったものと推測できる。「ミコ」と「ヒメミコ」も同様で、最初は「ミコ」で男女を示していたが、やがて男を「ミコ」、女を「ヒメミコ」として呼び、男女を区別するようになる。こうした区別が進み始めたのは、七世紀第四四半期であろうことが、木簡史料などから推定できる。

「皇子」「皇女」の語にはこうした歴史的経緯があるのだが、以下の叙述にあたって、この経緯を踏まえて叙述するのは煩雑を極めることになるので、史料上の表記のままに「皇子」「皇女」の語を使用したい。また、令制以前の叙述に際して、「天皇」その他の表記も同様の措置を取ることをお断りしておく。

これまでの研究蓄積を踏まえると、キサキの生活―居住空間は「キサキ（イ）ノミヤ（皇后宮・后宮）」、ミコ・ヒメミコの生活―居住空間は「ミコノミヤ（皇子宮）」を中心にみてみるのがわかりやすい。

そこで、「キサキ（イ）ノミヤ」と「ミコノミヤ」について、どのようなものであるかを具体的に示したうえで、キサキやミコ・ヒメミコらの生活―居住空間の実態をみることで、日本古代の王権の婚姻の結ばれ方を探ってみよう。

キサキノミヤ（皇后宮・后宮・私宮）

古代史研究の世界では常識化していることであるが、一般にはあまり知られていない事実の一つに、大王のキサキやミコ・ヒメミコたちは大王と同居している場合は希であり、通常はそれぞれの居住空間である「ミヤ（宮）」に住んでいる、という点がある。

それらは「キサキノミヤ（皇后宮・后宮・私宮）」と呼ばれるものであり、大王から独立した居所であり、家政機関でもあった（三崎裕子「キサキの宮の存在形態について」『史論』

四一、一九八八年)。

「キサキノミヤ」は、例えば、『日本書紀私記』丙本が垂仁天皇の項で「後宮」を「岐左以之宮」としているように、「キサイノミヤ」とも訓むが、本書では、以下「キサキノミヤ」で統一して使用する。

「キサキノミヤ」の端的な例として挙げられるのは、後に推古として即位する敏達天皇の「皇后」であった炊屋姫皇女の場合であろう。

○用明元年夏五月条

(前略)是に、穴穂部皇子、陰に天下に王たらむ事を謀りて、口に詐りて(三輪)逆君を殺さむといふことを在てり。遂に物部守屋大連と、兵を率て磐余の池邊を圍繞く。逆君知りて、三諸岳に隠れぬ。是の日の夜半に、潜に山より出でて、後宮に隠る。炊屋姫皇后の別業を謂ふ。是を海石榴市宮と名く。(後略)

この史料で注目すべきは「炊屋姫皇后之別業」で、「海石榴市宮」と呼ばれる宮が「後宮」と記されている点である。

この「後宮」は、敏達の寵臣であった三輪君逆が、穴穂部皇子による敏達の死去に伴う殯儀礼執行の場への侵入を阻んだことによって恨まれ、謀殺の手から逃れた最後の場所であった。炊屋姫皇女の夫である敏達は、少なくとも百済大井宮と訳語田宮の二つの居宮をもっていたが、「皇后」の炊屋姫皇女は、この二つの宮とは別の地に、「海石榴市宮」という独自の宮をもっていた。

これこそが、敏達のキサキであった炊屋姫皇女がもっていた「キサキノミヤ」の一つに他ならないのである。

他にも次のような、キサキが大王（天皇）と別にその居所を構えていたことを明らかにする史料がある。

○允恭七年冬十二月壬戌朔条

（前略）是を以て、宮中に近けずして、則ち別に殿屋を藤原に構てて居らしむ。大泊瀬天皇を産らします夕に適りて、天皇、始めて藤原宮に幸す。（後略）

○允恭八年春二月条

（前略）是に、衣通郎姫、奏して言さく、「妾、常に王宮に近きて、晝夜相続ぎて、陛下の威儀を視むと欲ふ。然れども皇后は、妾が姉なり。妾に因りて恒に陛下を恨みたまふ。亦妾が為に苦びたまふ。（中略）是を以て、冀はくは、王居を離れて、遠く居らむと欲ふ。若し皇后の嫉みたまふ意少しく息まむか」とまうす。天皇、則ち更

に宮室を河内の茅渟に興造てて、衣通郎姫を居らしめたまふ。（後略）

ここに示したように、『日本書紀』の記述によれば、允恭天皇は、先に忍坂大中姫を入れて「皇后」としていたが、後に、允恭は忍坂大中姫の同母妹の衣通郎姫もキサキとして召している。だが、允恭は「皇后」が嫉妬するので、衣通郎姫を王宮とは別の離れたところに住まわせている。その一つが大和の「藤原宮」であり、いま一つが河内の「茅渟宮」（允恭紀十一年春三月癸卯朔丙午条）である。

同様に、仁徳紀には、「皇后」の磐之媛命が、「宮室を筒城の岡の南に興す」（仁徳三十年九月条）とあり、仁徳天皇の宮とは別に「皇后」のために「筒城宮」を設けていたことが記されている。

このように大王（天皇）の宮とは別にキサキ独自の宮が存在したことを示す「キサキノミヤ」関係史料が、炊屋姫皇后の「海石榴市宮」以外にも見出されることを考えると、発掘調査で確かめられている例があるわけではないが、「キサキノミヤ」の存在は、想定されるべきものであろう。

ただし、「キサキノミヤ」が、三崎裕子氏が指摘するように、五世紀にまでさかのぼって想定できるかについては、否定はしきれないが、さりとて強く主張できるだけの論拠はない。また、大王のキサキの総てが「キサキノミヤ」を造営したかどうかも結論は出せない。

このように、大王のキサキの居宮である「キサキノミヤ」は、その存在は認められるものの、その実態は不明の点がまだ多いのが研究の現状である。それに対し、大王・天皇やミコ・ヒメミコたちの居宮は、その実態がつかめる。

ミコノミヤ（皇子宮）

大王と別に居住するキサキやミコ・ヒメミコらの居住する空間も、大王宮と同じように「地名＋宮」で表記されるか、「ミコ・ヒメミコ名＋宮」で表記される。これらは、「ミコノミヤ」と訓み、「御子宮」と記される場合があるように、「御子」である大王・天皇の子の宮を意味しており、それはミコ・ヒメミコの男女の区別なく、用いられていた。

したがって、やや煩雑になるが、以下、ミコ・ヒメミコの男女の宮を原則「ミコノミヤ（皇子宮）」と記し、使用することにしたい。

そこで、まず七世紀末から八世紀初頭の状況を確かめるために、天智と天武のミコ・ヒメミコらの「ミコノミヤ（皇子宮）」の造営をみてみよう。

飛鳥・藤原・平城の都宮の発掘・調査によって出土した木簡や文献史料から、天智・天武のミコ・ヒメミコらの居宮・家政機関が確かめられるのは十六例である。

『日本書紀』が記す天智のキサキは八人、その子女らは十四人（皇子四人・皇女十人）であり、天武のキサキは十人、その子女らは十七人（皇子十人・皇女七人）である。そのうち、天智・天武の子女らで、史資料からその居所であり家政機関＝「ミコノミヤ（皇子宮）」の存在がわかるのは、表6に示したように、天智のミコ・ヒメミコの志貴皇子と御名部皇女・阿陪皇女（元明）・橘娘・飛鳥皇女・泉皇女の計六人（男五人・女一人）および天武のミコ・ヒメミコの草壁皇子・大津皇子・高市皇子・忍壁皇子・長皇子・新田部皇子・舎人皇子・穂積皇子らと、大来皇女・但馬皇女の計十人（男八人・女二人）である。

表6に整理してみて、わかることがいくつかある。

第一に、「ミコノミヤ（皇子宮）」は、『日本書紀』が記すミコ（皇子）・ヒメミコ（皇女）の母の身位と関係なく設営されていることである。換言すると、「ミコノミヤ（皇子宮）」は、ミコやヒメミコの母が「大后」や「皇后」であった者にのみ許されたものでないことを示すものであり、この点に限れば、『日本書紀』は、「大后」「皇后」と「宮人」「夫人」などを区別して記すが、ミコ・ヒメミコらに区別はないことになる。

第二に、「ミコノミヤ（皇子宮）」は、ミコ・ヒメミコの男女が問われることなく、設営

表6　ミコノミヤ一覧（1）

名前	史資料の表記	典拠
天智天皇の子女		
大田皇女		
鸕野皇女（持統）		
建皇子		
御名部皇女	御名部内親王宮	奈良国立文化財研究所『木簡研究』二五
阿陪皇女（元明）	皇太妃宮・皇太妃宮職	奈良国立文化財研究所『飛鳥藤原宮発掘調査出土木簡概報』五　『木簡研究』二
飛鳥皇女	飛鳥皇女田荘	『日本書紀』持統六年八月己卯条
新田部皇女		
山辺皇女		
大江皇女		
川嶋皇子		

泉皇女	泉内親王宮	奈良国立文化財研究所『木簡研究』六
水主皇女		
志貴皇子	春日宮	『続日本紀』宝亀元年十一月甲子条
大友皇子		
天武天皇の子女		
草壁皇子	皇子尊宮・嶋宮	『万葉集』一七一番
大来皇女	大伯皇子宮	奈良国立文化財研究所『木簡研究』一四
大津皇子	大津皇子宮・訳語田舎	『万葉集』一二九番題詞 『日本書紀』持統称制前紀十月己巳条
長皇子	佐紀宮	『万葉集』八四番題詞
弓削皇子		
舎人皇子	舎人親王宮	奈良国立文化財研究所『藤原宮木簡』二 『木簡研究』一

但馬皇女	多治麻内親王宮	『万葉集』一四番 奈良県教育委員会『藤原宮』（奈良県史跡名勝天然記念物調査報告第二五冊）
新田部皇子	大殿・〔新カ〕田部親王宮	『万葉集』二六一番 奈良国立文化財研究所『木簡研究』一四
穂積皇子	穂積親王宮	奈良国立文化財研究所『木簡研究』二六
紀皇女		
田形皇女		
十市皇女		
高市皇子	高市皇子宮・香具山之宮	『万葉集』一一四・一一六題詞、一九九番
忍壁皇子	忍壁皇子宮	『日本書紀』朱鳥元年秋七月戊申条
磯城皇子		
泊瀬部皇女		
託基皇女		

（注）阿倍皇女の場合、「皇太妃宮」は「皇太妃」という身位に与えられた家政機関名であるが、参考のために掲載。

されていることである。

第三に、ミコやヒメミコの中で、「ミコノミヤ（皇子宮）」の所有が現在まで確認できないのは、まずは、史資料による制約を考えるべきであり、後の『大宝令』「家令官員令」の規定を生み出す基礎ができていたと考えられる。

しかし、前記の三点は、研究の現状からすれば、七世紀末から八世紀初頭の時期に限って指摘できることと理解しておかねばならないであろう。とりわけ、第二の点については、「ミコノミヤ（皇子宮）」が七世紀前半にさかのぼってミコ・ヒメミコの区別なく造営されたかどうかを判断するのは難しい。

以下、これらの点に留意しながら、「ミコノミヤ（皇子宮）」の具体例をみてみよう。

但馬内親王と高市皇子・穂積皇子

但馬内親王は天武と藤原鎌足女の氷上娘との間に生まれた皇女で、生年は不明であるが、没年は八世紀初頭の和銅元年（七〇八）である。それは、『続日本紀』の和銅元年六月二五日条に「三品但馬内親王薨ず。天武天皇の皇女なり」とみえることからわかる。

その但馬内親王が、独自の家政機関である「ミコノミヤ（皇子宮）」をもっていたことを示す史料に次のような木簡がある。

図5　藤原宮跡出土木簡（奈良文化財研究所所蔵）

・受被給薬／車前子一升　西辛一両／久参四両　右三種

・多治麻内親王宮政人正八位下陽胡甥

この木簡は、藤原宮跡出土木簡の一つであるが、「車前子（しゃぜんし）」（オオバコ科オオバコの種子。消炎・利尿・下痢止め作用などの薬効が知られている）や「久参（くじん）」（「苦参」、マメ科クララの根。利尿・鎮痛・解熱作用などの薬効が知られている）などの薬物受給に関わる木簡で、但馬内親王宮の家政の一端がうかがえるものである。また、「政人」の語は、いわゆる長屋王邸宅跡出土木簡の中にも見出せるもので、その家政機関の下級役人を意味するものである。

この木簡は、王族女性の内親王が独自の家政機関をもっていたことを鮮やかに示した史料でもあった。類例の出土史料が待たれていたが、その後、予想を違うことなく王族女性の「ミコノミヤ（皇子宮）」の存在を傍証する木簡が出土している。

内親王の語は、『日本書紀』によれば、持統五年（六九一）正月癸酉朔条に「親王・諸臣・内親王・女王・内命婦等に位を賜ふ」とみえるのが初見であり、この木簡はこのころを大きくさかのぼることはない。

とすれば、少なくとも、但馬皇女は持統五年からその死去の年の和銅元年までの間に、「ミコノミヤ（皇子宮）」をもっていたと考えられる。

但馬内親王は穂積皇子との恋愛関係も知られており、『万葉集』に所載されている次のような和歌と併せて考えると、さらに、いくつかの興味深い点が明らかになってくる。

○但馬皇女、高市皇子宮に在し時、穂積皇子を思(しの)びて作り御(たてまつ)れる歌一首

秋の田の　穂向きの寄れる　片寄りに　君に寄りなな　言痛くありとも（一一四番）

○勅して、穂積皇子を近江志賀山寺に遣(つかわ)しし時、但馬皇女の作り御(たてまつ)れる歌一首

後れ居て　恋ひつつあらずは　追ひ及かむ　道の隈廻(くまみ)に　標結へ我が背（一一五番）

○但馬皇女、高市皇子宮に在し時、竊(ひそか)に穂積皇子に接(あ)ふ事既に形(あらわれ)て作り御(たてまつ)れる歌一首

人言を　繁み言痛み　おのが世に　いまだ渡らぬ　朝川渡る（一一六番）

○但馬皇女、穂積皇子に薨後、冬の日、雪落ち、遥に御墓を望み、悲傷（かなし）び涕（なみだ）を流し

　作り御（たてまつ）れる歌一首

降る雪は　あはにな降りそ　吉隠の　猪養の岡の　塞なさまくに（二〇三番）

このうち、『万葉集』一一四番・一一六番の題詞には「但馬皇女、高市皇子宮に在りし時」とあり、他方、但馬皇女は「多治麻内親王宮」という独自の居所・家政機関を経営しつつも、当時の婚姻の一面を反映させて、高市皇子宮にも一時的に在住していることがわかる。

題詞が記す「高市皇子宮」は、同じく『万葉集』一九九番の柿本人麻呂の高市皇子への挽歌に「我が大君の　万代と　思ほしめして　作らしし　香具山宮」とみえる「香具山宮」とも記されており、未だ発見されていないが、香具山周辺に高市皇子宮が存在しているとみて誤りないであろう。

高市皇子は、天武を父とし母を胸形君（むねかたのきみ）徳善の娘とする皇子で、壬申の乱の際には、天武が最も頼りにした皇子であった。当然、壬申の乱後の天武朝において最有力の王族男性の一人であった。

こうした高市皇子と但馬皇女との婚姻関係は、天武朝に少なくない異母兄弟姉妹婚であり、天武の子息・子女間の近親婚の一つである。

したがって、この婚姻を取り上げて、その特別さや異例ぶりを強調するのは誤りである。近年、奈良県橿原市出合町の藤原京跡左京一・二条四・五坊遺跡から「穂積親王宮」と書かれた木簡が出土した。七世紀後半から八世紀初頭の新たな「ミコノミヤ（皇子宮）」関係史料の出土である。

調査では、穂積親王宮そのものの発見にはつながらなかったが、遺跡からほど遠くないところに穂積親王宮が想定できそうである。

高市皇子の「ミコノミヤ（皇子宮）」である香具山宮と、「穂積親王宮」と書かれた木簡が出土した遺跡の地は至近の距離である。

先に述べたように、但馬皇女は持統女帝に信任され「太政大臣」にまで昇った高市皇子の香具山宮に一時的であれ在住していたが、『万葉集』一一六番の和歌に直截に詠っているように、高市皇子と婚姻関係にありながらも、穂積皇子への想いも断ちがたかった。

但馬皇女は、「竊に」逢瀬を求めて、露見したときの非難の起こることを知りつつも、「いまだ渡らぬ朝川渡る」熱情をもっていた皇女であると考えられている。

『万葉集』一一六番の和歌の背景が、これまでとは格段に相違してリアルに理解できるようになったといえるのである。

大来皇女と「大伯皇子宮」

大伯（大来）皇女が「ミコノミヤ（皇子宮）」をもっていたことを示すのは、次のような木簡である。

・大伯皇子宮　物　大伴□……一品弁五十□

この木簡は、明日香村の飛鳥池遺跡出土のもので、「大伯皇子」は、「皇子」と記されているが、天武と大田皇女との間に生まれた「皇女」であり、大津皇子の同母姉である。この木簡が大伯皇女の「宮」を「大伯皇子宮」と記したのは、「皇女」の書き損じとみるよりは「ミコノミヤ」の呼称にひかれて記したとみるべきであろう。したがって、この木簡は「ミコ」が王族の男女に用いられる語であったことを示す興味深い史料でもある。

なお、飛鳥京一〇四次調査において出土した木簡に「太来」と記されたものがある（『明日香風』一七号）。大伯皇女は、「大来」とも記す場合があり（天武二年二月丁巳朔癸未条）、これも大伯皇女関係木簡に入れるべきかとも考えられる。

天武と大田皇女との間に生まれた大伯皇女は大津皇子の姉にあたり、伊勢斎王にもなっている。『日本書紀』は、大伯皇女の出生と命名の由来を次のように記している。

○斉明七年春正月丁酉朔丙寅条

御船西に征く、始め海路に就く。甲辰、御船大伯海に到る。時に大田姫皇女、女を産めり。仍ち名是の女を名つけて、大伯皇女と曰ふ。

また、大伯の死去については、『続日本紀』大宝元年（七〇一）十二月乙丑条が、「大伯内親王薨。天武天皇之皇女也」と記しており、これらのことから大伯皇女が、斉明七年（六六一）正月に生まれ、大宝元年十二月に没したことがわかる。

このような点を踏まえれば、先の「大伯皇子宮」と書かれた木簡は、大宝元年をさかのぼるものであり、当然、その「ミコノミヤ（皇子宮）」の存在も七世紀の末期には、認められるものとなる。

さらに、この木簡は大伯（大来）皇女の居所とその家政機関の存在を確かめることができただけでなく、同母弟の大津皇子がその家政機関である「ミコノミヤ（皇子宮）」=「訳

図6　飛鳥池遺跡出土木簡（奈良文化財研究所所蔵）

語田舎」をもっているように、天武妃の大田皇女を母とする大伯皇女と大津皇子がそれぞれ独自の居所と家政機関をもっていることを明らかにしたともいえるのである。

以上、皇女らが、その居所でありかつ家政機関である「ミコノミヤ（皇子宮）」をもっていることを、但馬皇女と大伯皇女の二人を取り上げて例示的に示したが、表6に整理したように、皇女では別に御名部皇女と泉皇女らが「ミコノミヤ（皇子宮）」をもっている。このうち、大来皇女を除くと、いずれも「内親王宮」と記されている。内親王の語は、上記したように、持統五年（六九一）をさかのぼるものではない。このことから、これらの木簡が示す実態は持統五年以降のものであることを物語っていると考えられる。

さらに、大伯皇女と同母弟の大津皇子が別々に「ミコノミヤ（皇子宮）」をもっていることが確かめられることから、一定の年齢およびその他の条件が整ったときには、大王・天皇の子女らにその家政機関を内部に含む「ミコノミヤ（皇子宮）」が作られたことを想定してもよいものと思える。

ただし、このような「ミコノミヤ（皇子宮）」の造営の基準は、七世紀中葉をさかのぼって認められるかというと、そのようには言い切れない点がある。

そこで次に検討すべきは、大王の子女らがその家政機関を内部に含む「ミコノミヤ（皇子宮）」を所有する起源はどこまでさかのぼれるのか、という点であろう。

ミコノミヤの起源

表6は、天智・天武の子女らで「ミコノミヤ（皇子宮）」を所有している皇子・皇女を確かめたものである。ただし、それらは「ミコノミヤ（皇子宮）」の所有を確かめることができても、七世紀中葉をさかのぼる事例ではない。

そこで、次に七世紀中葉をさかのぼると考えられる「ミコノミヤ（皇子宮）」の事例を表7にまとめてみよう。

さらに、留意すべきは、『日本書紀』には次のような史料もあるのである。

○敏達四年是歳条

卜者に命して、海部王の家地と絲井王の家地とを占ふ。卜へるに便ち襲吉し。遂に宮を譯語田に営る。是を幸玉宮と謂ふ。

○清寧二年冬十一月条

大嘗供奉る料に依りて、播磨国に遣せる司、山部連の先祖伊予来目部小楯、赤石郡の縮見屯倉首忍海部造細目が新室にして、市辺押磐皇子の子億計・弘計を見でつ。畏敬兼抱りて、君と奉為らむと思ふ。奉養ること甚だ謹みて、私を以て供給る。

表7　ミコノミヤ一覧（2）

名前	史料の表記	典拠
鏡姫王	鏡姫王之家	『日本書紀』天武紀十二年七月丙戌朔己丑条
大海人皇子	皇大弟宮	『日本書紀』天武紀元年五月是月条
有間皇子	市経家	『日本書紀』斉明紀四年十一月庚辰朔甲申条
葛城皇子	皇太子宮	『日本書紀』孝徳紀大化三年十二月晦日条
葛城皇子	宮殿	『日本書紀』皇極紀四年六月己酉条
古人皇子	私宮	『日本書紀』皇極紀四年六月丁酉朔戊申条
軽皇子	宮	『日本書紀』皇極紀三年正月乙亥朔条
泊瀬王	泊瀬王宮	『日本書紀』舒明即位前紀
山背皇子	斑鳩宮	『日本書紀』舒明即位前紀
厩戸皇子	斑鳩宮	『日本書紀』推古紀九年
穴穂部皇子	穴穂部皇子宮	『日本書紀』崇峻即位前紀
彦人皇子	水派宮	『日本書紀』用明紀二年四月乙巳朔丙午条

便ち柴の宮を起てて、権に安置せ奉る。乗駅して馳せて奏す。天皇、愕然き驚歎きたまひて、良しく愴懐して曰はく、「懿きかな、悦しきかな、天、溥きなる愛を垂れて、賜ふに両の児を以てせり」とのたまふ。（後略）

○安康元年春二月戊辰朔条

（前略）是に、天皇、根使主が譏言を信けたまふ。則ち大きに怒りて、兵を起して大草香皇子の家を圍みて、殺しつ。（後略）

履中即位前紀（仁徳八十七年春正月）条

（前略）爰に仲皇子、事有らむことを畏りて、太子を殺せまつらむとす。密に兵を興して、太子の宮を圍む。（後略）

○仁徳即位前紀（応神四一年春二月）条

（前略）既にして宮室を菟道に興てて居します。猶位を大鷦鷯尊に譲りますに由りて、久しく即皇位さず。爰に皇位空しくして、既に三載を経ぬ。時に海人有りて、鮮魚の苞苴を齎ちて、菟道宮に献る。（後略）

これらの史料には、「家」とあったり「宮」とあったりして、表記は異なるが、いずれもミコの居住空間を示しており、「ミコノミヤ（皇子宮）」とみなせなくもない。だが、

「ミコノミヤ（皇子宮）」を詳しく論じた拙著『日本古代の皇太子』では、その実在が明瞭でないことから、「ミコノミヤ（皇子宮）」の実例としても認めなかったように、本書でもなお検討の余地ありとして、表からはずした。

ミコの場合、厩戸皇子宮であり山背皇子宮でもある「斑鳩宮」の七世紀前半の確実な例が、法隆寺東院伽藍の地下から検出されている。

発掘調査でその実在が明瞭な斑鳩宮に、厩戸皇子とその息子の山背皇子が二代続いて居住し、二人が「ミコノミヤ（皇子宮）」を経営しているのであるならば、同世代の葛城皇子や古人皇子も「ミコノミヤ（皇子宮）」をもっていておかしくないはずである。事実、『日本書紀』にはそれを裏付ける「宮」の記載があるのである。

このように、「ミコノミヤ（皇子宮）」の実在が、七世紀前半にさかのぼって確かめられるならば、さらに彦人皇子の「水派宮（みまたのみや）」や穴穂部皇子の「穴穂部皇子宮」の記載のように「地名＋宮」や「皇子名＋宮」の表記の共通性が認められることから、六世紀後半までのミコで、一定の条件を備えたミコならば、家政機関でもある「ミコノミヤ（皇子宮）」をもつことができたものと考えられるのである。

ただし、残念なのは、「一定の条件」にあたるものが、出自や年齢であろうことが推測できるのであるが、それ以上の確定的なことがいえない。これが、研究の現状である。

他方、ヒメミコの場合、前述した七世紀末期の飛鳥池遺跡出土の木簡にみられる「大伯皇子宮」の例をさかのぼる史料は、天武紀十二年七月丙戌朔己丑条にみえる「鏡姫王之家」の例がみえ、また、これも後述するが、解釈いかんで七世紀初頭のころまでさかのぼる可能性をもつ例が一例あるが、これを併せても二例が見出されるだけである。

このように、「ミコノミヤ（皇子宮）」は、その造営にミコとヒメミコの男女の性差があり、時代差を入れて考えるべきものと思える。

斑鳩宮—厩戸皇子宮

奈良県の斑鳩地方は、法隆寺や中宮寺などの古刹があり、規模は小さいが副葬品である馬具やその被葬者にも興味がもたれている藤ノ木古墳もあることで、人気のある地域である。

しかし、五重塔や夢殿で有名である法隆寺が、聖徳太子ゆかりの寺院であることを知ってはいても、夢殿のある法隆寺東院地区が厩戸皇子（聖徳太子）の居住していた斑鳩宮の存在した地であることを知っている人は少ない。

この斑鳩宮は、厩戸皇子の宮であり、「厩戸皇子宮」と呼ばれるべき宮である。それは、大王が居住する大王宮と異なり、有力皇子の厩戸皇子が住まう独自の居住空間であり、家政機関でもある。

また、この斑鳩宮は、廐戸皇子の死後、息子の山背皇子が継承した「ミコノミヤ（皇子宮）」である斑鳩宮でもある。

廐戸皇子が、斑鳩の地に斑鳩宮を造立したのは、『日本書紀』推古十三年（六〇一）冬十月条が「皇太子居斑鳩宮」と記すように、廐戸皇子二九歳のときである。この斑鳩宮の遺構は、夢殿や伝法堂などがある現在の法隆寺東院伽藍の地下にあり、焼亡以前の法隆寺がその西に存在していたことも発掘・調査で確かめられている。

かつて私は、『日本古代の皇太子』（吉川弘文館、一九八五年）で、斑鳩宮が「皇太子」の「聖徳太子」の宮として考えていたそれまでの理解を否定し、それが他の有力な「大兄」の位置にある皇子にも認められていた「ミコノミヤ（皇子宮）」であることをはじめて主張した。

その後、仁藤敦史氏によって、「上宮王家」論として、より詳細に論じられることになるが、仁藤氏の指摘で重要であるのは、法隆寺東院伽藍の地下に確かめられる遺構を狭義の「斑鳩宮」とし、周辺に存在する「聖徳太子」関連遺跡の旧跡も含めて広義の斑鳩宮（＝ミコの家産体制）を想定すべきことを指摘した点である（仁藤敦史「上宮王家と斑鳩」『古代

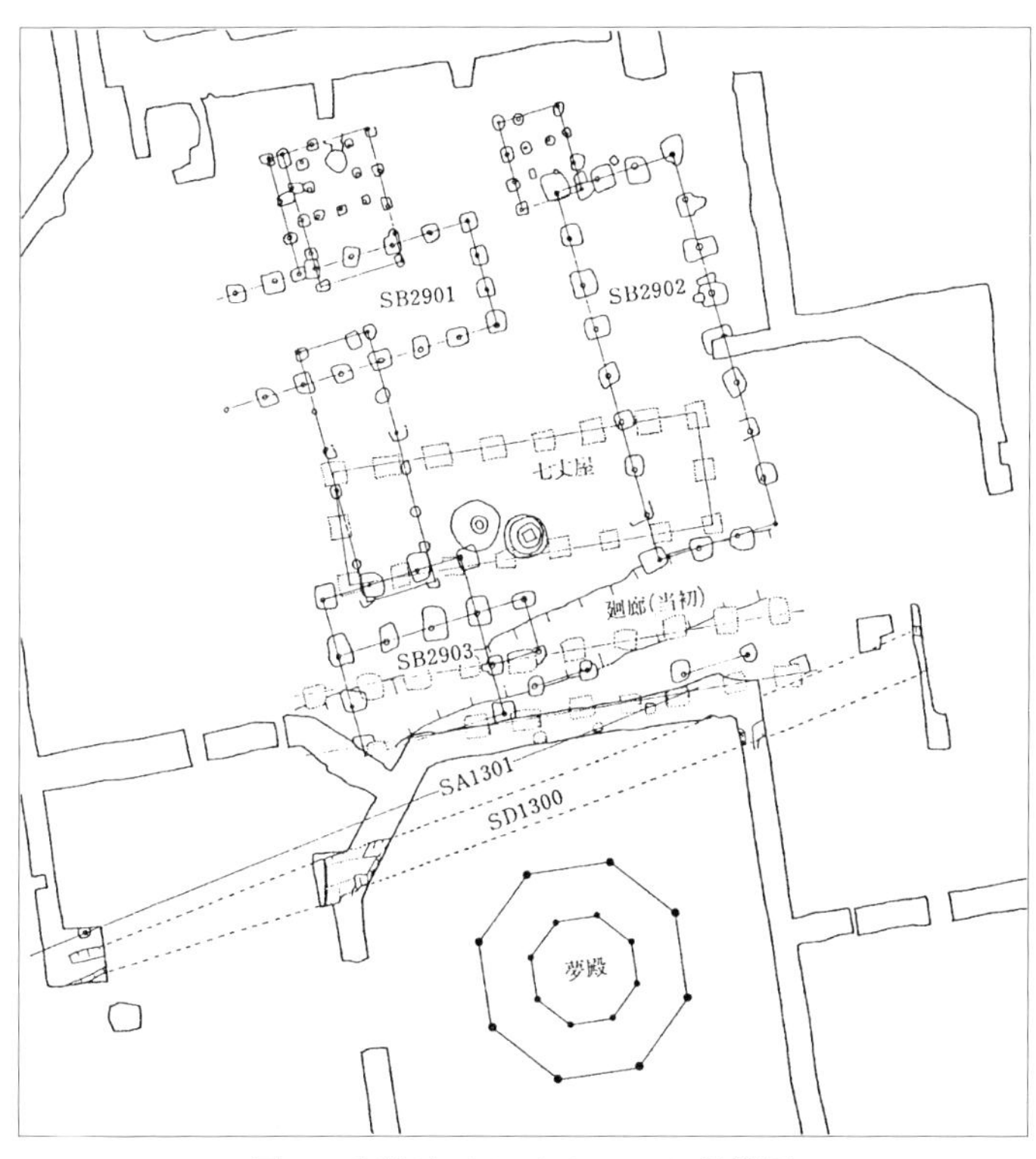

図7　斑鳩宮（法隆寺東院伽藍）遺構図

王権と都城』吉川弘文館、一九九八年）。

確かに、狭義の斑鳩宮の周辺には、寺院に先行する建物群の所在が確かめられている中宮寺跡・法輪寺・法起寺や、廐戸死去の宮と伝える伝跡が存在しており、それらを全体として把握することは重要である。

これらのうち廐戸皇子に関わる上宮王家の「宮」として考えられるのは、法起寺と飽波(あくなみ)葦墻宮(あしがき)である。

法起寺は、「法起寺塔露盤銘」（『聖徳太子伝私記』）によれば、廐戸皇子の遺言によって岡本宮を寺にしたことを記す。また、『日本霊異記』（上巻第四話―聖徳皇太子示異表縁第四）には「皇太子居住于鵤(いかるが)岡本宮時」とみえ、岡本宮に居住したことを記している。

法起寺の現伽藍の地下には遺構が存在しており、石組み溝・柵列・掘立柱建物一棟以上がこれまで検出されている。とりわけ注目されるのは、下層遺構が北で西に二十度前後振れており、その方位の振れが斑鳩宮や若草伽藍の遺構と一致することである。それは広義の斑鳩宮の計画性・企画性を示すものとして評価できる。

飽波葦墻宮については、『大安寺伽藍縁起(がらんえんぎ)并(ならびに)流記資財帳(るきしざいちょう)』に記載があり、推古の命を受けた田村皇子（後の大王舒明）が飽波葦墻宮にいる病中の廐戸皇子を訪ねたことを記し

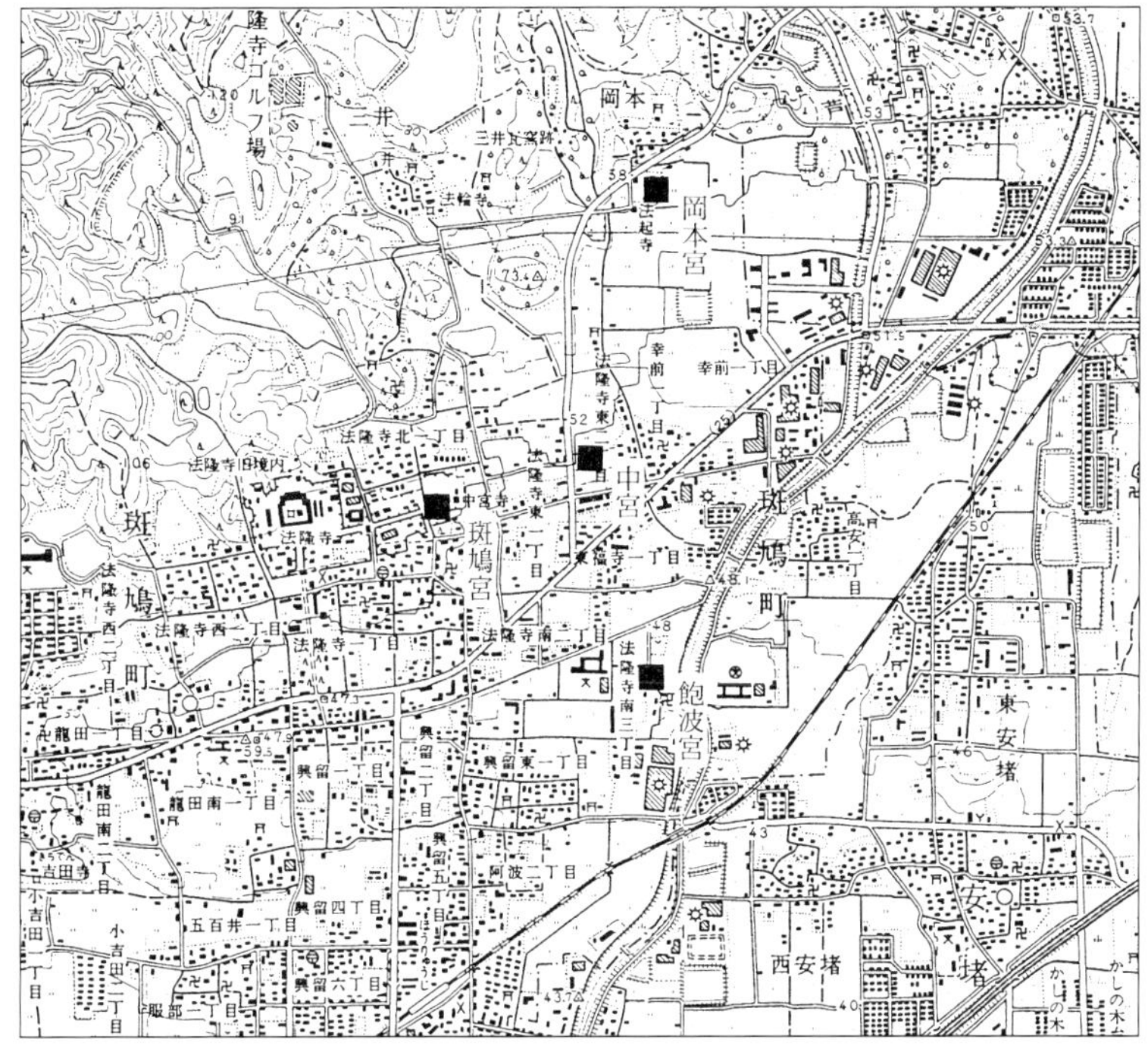
法隆寺ゴルフ場
三井
三井瓦窯跡
法輪寺
岡本
法起寺
岡本宮
幸前
幸前一丁目
法隆寺北一丁目
法隆寺旧境内
中宮寺
法隆寺東
中宮
斑鳩宮
法隆寺
斑鳩町
東福寺一丁目
高安一丁目
法隆寺西一丁目
法隆寺一丁目
法隆寺南二丁目
法隆寺南三丁目
飽波宮
龍田一丁目
興留一丁目
興留東一丁目
龍田南一丁目
興留二丁目
興留五丁目
阿波二丁目
東安堵
吉田寺
五百井一丁目
興留四丁目
西安堵
興留六丁目
服部二丁目
小吉田一丁目
安堵
かしの木台

図8　斑鳩周辺図

ている。

斑鳩町の成福寺が、古くからこの宮跡に比定されていたが、寺の北東に位置する上宮遺跡の調査によって七世紀前半の土器が出土しており、飽波葦墻宮の可能性が高くなってきている。

これらとは別に、中宮寺跡も発掘調査され、現存する土壇下から四天王寺式伽藍配置にもとづく塔跡と金堂跡が検出されている。中宮寺跡が七世紀前半にさかのぼる寺だけの単独施設であるか、斑鳩宮と法隆寺がセットとなっていたように、今後の調査で中宮寺跡の近辺に居所地域が見出せる可能性も考慮しておく必要がある。

同様に、法輪寺も発掘調査され、版築による塔基壇の築成土中より飛鳥時代前半の軒瓦が出土し、塔建立以前の前身遺構の存在が確認されている。この前身遺構が、寺としてのまとまりを示すものか、それとも居所（宮）としての要素も含むものとなるかについては今後の調査に期待したい。

それでも、先に記した岡本宮と飽波葦墻宮の二つの所伝は、聖徳太子の居所が斑鳩宮だけでないことを示す史料ともいえるものである。

これまでのところ、廐戸皇子は、蘇我刀自古郎女（とじこのいらつめ）（父蘇我馬子・母不明）・菟道貝鮹皇女（うじのかいだこ）

（父敏達・母推古）・膳菩岐々美郎女（父膳部加多夫古臣・母不明）・橘大郎女（父「尾治大王」＝敏達と推古の子・母不明）の四人をツマとしていることがわかっている。

仁藤氏は、これらのツマと近隣の聖徳太子関係遺跡と関連付けて説明している。すなわち、狭義の斑鳩宮は廐戸皇子（後には山背皇子と春米女王）が居住し、橘大郎女の居住の場所は不明であるが、残る三人は岡本宮に「妃」の蘇我刀自古郎女とその子らが、中宮には母の穴穂部間人大后と「妃」の菟道貝鮹皇女らが、飽波葦墻宮には「妃」の膳菩岐々美郎女らが居住していたことを推定している。

残念ながら、この推定は未だ充分な確証が得られていない。だが、この推定は、ツマの選定に異論が生じる余地を残すが、広義の斑鳩宮が廐戸皇子の狭義の「ミコノミヤ（皇子宮）」＝廐戸皇子宮とその周辺に配置された廐戸皇子のツマの宮であるとするもので、興味深い指摘である。

このように、廐戸皇子のツマたちの居所は、斑鳩宮の近辺に配置され、広義の斑鳩宮の家産体制として組織化されていると考えられるのである。

こうした在り方が、大王の場合にもあてはまるならば、大王宮の近辺に「キサキノミヤ」が存在することになる。

この点に留意すると、敏達は、その所在地が複数あって定まらない百済大井宮とは別に、訳語田幸玉宮もその居宮としている。その所在地は、桜井市戒重あたりが有力な推定地となっている。注目すべきことに、その近辺に「皇后」炊屋姫皇女の「キサキノミヤ」の一つである海石榴市宮の有力な推定地である椿市観音の所在地がある。これは、大王宮の近辺に「キサキノミヤ」が確かめられる珍しい例であり、大王宮とキサキノミヤが、どのような関係で所在していたかを推測するうえでも参考にできる貴重な例でもある。

舂米女王と斑鳩宮

前述してきた推定が妥当性の高いものとすると、さらに興味深い事実が浮き彫りにされてくる。それは、『日本書紀』に次のような記載があるからである。

○皇極元年是歳条

蘇我大臣蝦夷、己が祖廟を葛城の高宮に立てて、八佾の儛をす。遂に歌を作りて曰はく、

大和の　忍の廣瀬を　渡らむと　足結手作り　腰作らふも

又尽に国挙る民、幷て百八十部曲を発して、預め雙墓を今来に造る。一つをば大陵と曰ふ。大臣の墓とす。一つをば小陵と曰ふ。入鹿臣の墓とす。望はくは死りて後に、

人を労らしむること勿。更に悉に上宮の乳部の民を聚めて、乳部、此を美父といふ。塋兆所に役使ふ。是に、上宮大娘姫王、発憤りて歎きて曰はく、「蘇我臣、専国の政を擅にして、多に行無禮す。天に二つの日無く、国に二の王無し。何に由りてか意の任に悉に封せる民を役ふ」といふ。茲より恨を結びて、遂に倶に亡されぬ。是年、太歳壬寅。

この一文は、以下に示すように、その理解いかんでは貴重な歴史的事実を伝えている史料となる。

史料は、上宮大娘姫王が蘇我蝦夷・入鹿の寿墓造営に際して、「上宮乳部之民」を駆使したことを怒ったことを記すものであり、蘇我氏の専横の一つを示す記事として知られている。

上宮大娘姫王は、廐戸皇子と膳菩岐々美との間に生まれた春米女王と考えられている。この比定を正しいものとすると、春米女王は、廐戸皇子と蘇我刀自古との間に生まれた異母兄弟の山背皇子との近親婚によって、「難波麻呂古王　麻呂古王、弓削王・佐々女王、三嶋女王　甲可王　尾治王」（『上宮聖徳法王帝説』）等、七人の子をもうけている。

史料で着目したいのは、「上宮乳部之民」を駆使したことを怒ったのが、山背皇子でなく春米女王であることである。

すなわち、春米女王の「怒り」が何故生じたのかという点に的を絞れば、春米女王がその駆使を差配する権利を有する「上宮乳部之民」を、蘇我氏が断りなく駆使したことにあったと考えられる。この春米女王の有する権利は、律令制下でも広くみられる夫も妻もともに財の所有主体になれる夫婦別財の社会慣行に根をもつもので、その慣行が七世紀中葉に現れていると考えられる。

こうした理解から導き出される点で重要なのは、「上宮大娘姫王」と呼ばれた王族女性が、「上宮乳部之民」を駆使する権利をもっていたことである。さらに、「上宮大娘姫王」が春米女王であるとすれば、春米女王は山背皇子と婚姻関係にあること、また、山背皇子は廐戸皇子の死後に少なくとも狭義の斑鳩宮を伝領したことが明らかであることである。こうした二点を考慮すると、次のような二つの推定が可能である。

春米女王の家産は山背皇子と婚姻関係にあるものの、「上宮乳部之民」を駆使する権利にみられるように、山背皇子の家産とは区別される独自の権利を保有しており、この点に依拠すれば、春米女王の居所が山背皇子と同所の狭義の斑鳩宮であったとしても、その実態は独自の家産を所持する山背皇子と春米女王の共同の居所（宮）であるとみなければならないであろう。

春米女王宮と長屋王邸宅

こうした在り方が想定できるとき、思い起こされるのは、平城京左京三条二坊一・二・七・八坪に所在したいわゆる長屋王邸宅である。長屋王邸宅跡から出土した木簡は、「長屋親王宮」と書かれた木簡が発掘の初期に出土したこともあり、よく知られている。長屋王は日本史教科書にも載る奈良時代の著名人物の一人であり、その人の居所であり家政機関が遺構で確認できたことで大きな関心を寄せられた。

遺構の発見当初は、「天武の孫にあたることから、律令に照らすと親王と称するのは誤りであり、王と称するのが妥当である」との指摘もあったが、「長屋親王宮」の表記が使用されることが多かった。そのためもあって、長屋王邸宅が「ミコノミヤ（皇子宮）」であると理解する人は少なかった。その後、この遺跡から「長屋皇子宮御□」と記された木簡も三点出土しており、その実態が「ミコノミヤ（皇子宮）」であることを如実に示している。

また、この長屋王邸宅は「長屋皇子宮」に他ならないが、その実態は一つの邸内に長屋王と吉備内親王の二つの家政機関を並存させる「ミコノミヤ（皇子宮）」であったとみるのが正解であろう。

ちなみに、『養老令』「家令職員令」は、四品以上および職事三位以上の者に家政機関の設置を許すもので、内親王もその品位によって大きさの異なる家政機関をもつことが保証されていた。ミコやヒメミコらの「ミコノミヤ（皇子宮）」の歴史が、この規定に反映されている面もあり、「ミコノミヤ（皇子宮）」の歴史の一つの帰結を示すものでもある。

廐戸皇子死後の斑鳩宮が、これと同様の在り方であったとすると、「山背皇子宮」であると同時に「春米女王宮」であったということになる。

他方、春米女王の居所が山背皇子と別にあり、広義の斑鳩宮にあったと考えることもできる。それは廐戸皇子の「妃」が狭義の斑鳩宮とは別の地にその「宮」を構えていたとの推定が指摘されていることに留意すれば成り立ちうる想定である。この場合の想定可能な春米女王宮は、七世紀後半の天武・持統朝の「大伯皇子宮」の先駆としての位置を占めることになろう。

すなわち、この春米女王宮が、春米女王の独自の居所と考えられると、七世紀前半にさかのぼって「ミコノミヤ（皇子宮）」が、王族女性にも認められる、という重要な結論を導くことになる。

この二つの想定は、史資料による裏付けをなお必要とするが、七世紀の王権構造の一端に迫る途がここにあると考えられる。

六・七世紀王権の婚姻

これまで、大王やキサキ・ミコやヒメミコの婚姻が繰り広げられる生活―居住空間であるそれぞれの「宮」をみてきたが、そこで展開された婚姻がどのようなものであったかを次にみてみよう。

天智朝・天武朝・持統朝を通じて、大王とミコやヒメミコが近親婚を重ねてきたことはすでに述べてきたところである。

それでは、それ以前は違った様相を示すのであろうか。結論を先に記すことになるが、婚姻の実情は、天智朝から持統朝を通じてみられた婚姻の特徴と同じであり、異母兄弟姉妹婚とオジ―メイ・オバ―オイの異世代婚を重ねる近親婚の盛行である。

以下、欽明以後の六世紀から七世紀中葉までの大王とミコ・ヒメミコの婚姻から、その様子を具体的にみてみよう。

欽明天皇は、宣化天皇の女の石姫・稚綾姫（わかあやひめ）皇女・日影皇女と、蘇我氏出身の堅塩媛・小姉君の二組五人の姉妹型一夫多妻婚を行っていたが、没後の王位は、この婚姻によって生まれた欽明の子の世代にあたる敏達・用明・崇峻らの異母兄弟間で順次継承し、崇峻の暗

図9　王位継承図

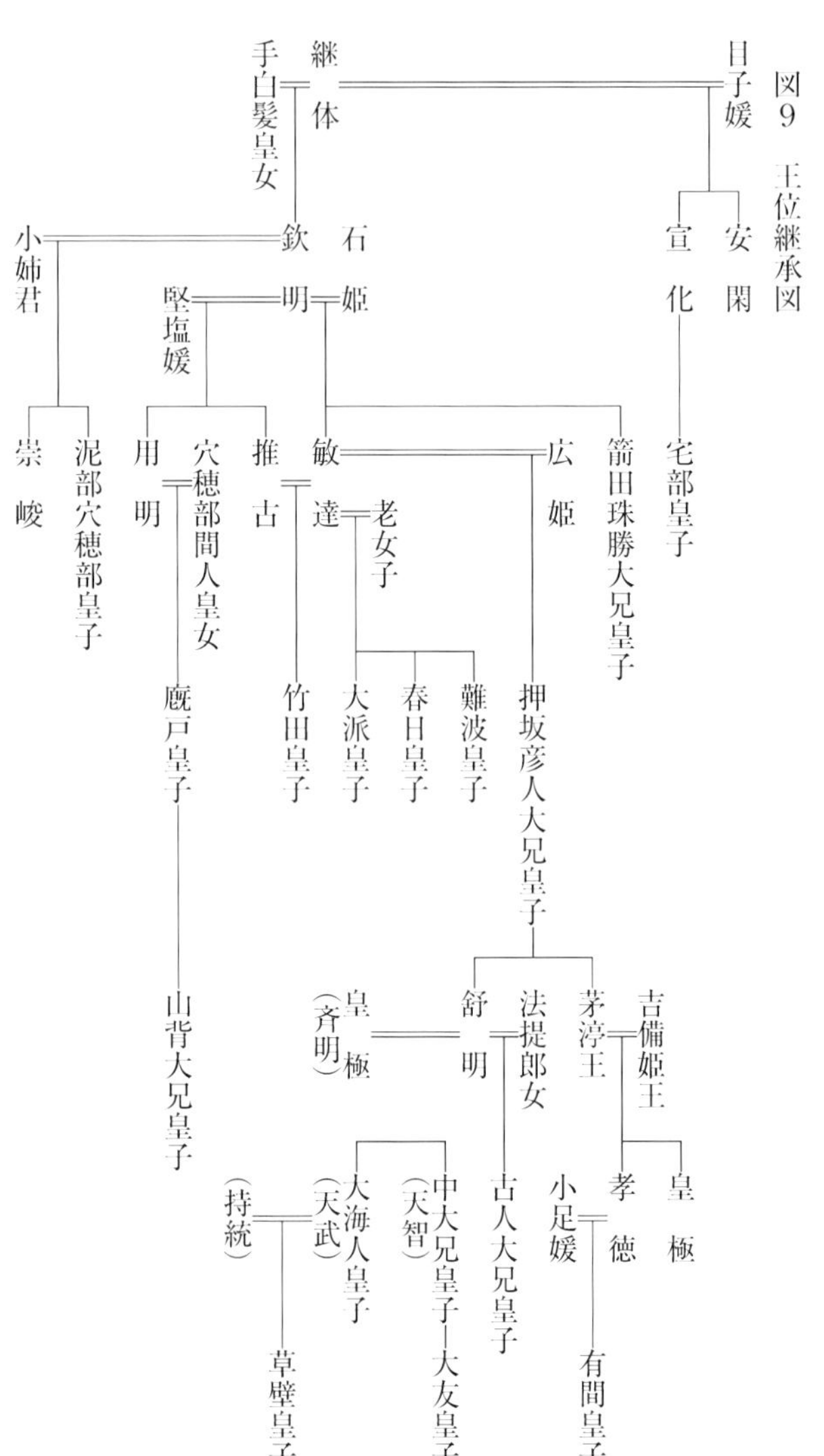
目子媛
継体
手白髪皇女
安閑
宣化
石姫
欽明
小姉君
堅塩媛
宅部皇子
箭田珠勝大兄皇子
広姫
敏達
推古
穴穂部間人皇女
用明
泥部穴穂部皇子
崇峻
老女子
押坂彦人大兄皇子
難波皇子
春日皇子
大派皇子
竹田皇子
厩戸皇子
山背大兄皇子
吉備姫王
茅渟王
法提郎女
舒明
皇極
(斉明)
皇極
孝徳
小足媛
有間皇子
古人大兄皇子
中大兄皇子
(天智)
大友皇子
大海人皇子
(天武)
(持統)
草壁皇子

殺後に推古が即位し、初めての女帝となっている。

この期間に該当する時期の大王とミコ・ヒメミコの婚姻をみると、国政の中枢にいる有力氏族である蘇我氏や大伴氏らのマエツギミ（大夫）の女を迎えることと並んで、王族間の異母兄弟姉妹婚とオジ―メイ・オバ―オイの異世代婚による近親婚が行われている。

そこで、図9を参照しながら欽明以後の王位継承者である敏達・用明の異母兄弟姉妹婚に着目すると、父を欽明とする異母兄弟姉妹婚として、敏達（母石姫）と推古＝額田部皇女＝豊御食炊屋媛（母堅塩媛）の例と、用明（母堅塩媛）と穴穂部間人皇女（母小姉君）の例を挙げることができる。

言い換えれば、欽明を父とする異母兄弟姉妹婚が石姫・堅塩媛・小姉君を同母とする単位集団を連結しているのである。連結の要は、額田部皇女（豊御食炊屋媛）と穴穂部間人皇女らのヒメミコである。

異母兄弟姉妹婚

同母兄弟姉妹間の婚姻は、近親相姦とされるタブーな婚姻であり、このことは先に述べたところである。異母兄弟姉妹婚が、タブーとされる婚姻を防ぐために行われたであろうことは推測できるが、それだけでないことも押坂彦人皇子の異母兄弟姉妹婚の例を抜き出すと充分に推測できる。

押坂彦人皇子の異母兄弟姉妹婚は、額田部皇女（豊御食炊屋媛・推古）を母とする小墾田皇女・桜井弓張皇女との婚姻である。この二人の王族女性との婚姻は、押坂彦人皇子の祖父にあたる欽明も行った姉妹型一夫多妻婚である。

この姉妹型一夫多妻婚となる異母兄弟姉妹婚が、近親相姦を防ぐ目的でなされた婚姻であるとはいいがたい。

また、押坂彦人皇子および広姫を母とする集団が異母兄弟姉妹婚を選択し、なおかつ姉妹型一夫多妻婚を採ったのは、額田部皇女を母とする集団との連結を深めることを意図とした「ヒメミコの独占」にあったと考えられるが、これだけでは理解は不十分であろう。すなわち、この姉妹型一夫多妻婚は、押坂彦人皇子および広姫を母とする集団の意図だけで理解すべきでなく、額田部皇女を母とする集団の意図もあり、双方の意図が適ったことから婚姻が締結されたとみなければならないであろう。

このような点を考えるうえで、桜井弓張皇女（母額田部皇女・父敏達）が、押坂彦人皇子と来目皇子（母穴穂部間人皇女・父用明）との二人と異母兄弟姉妹婚を重ねている婚姻例は示唆的である。この二つの婚姻は、桜井弓張皇女（額田部皇女を母とする集団）が、押坂彦人皇子および広姫を母とする集団と、来目皇子および穴穂部間人皇女を母とする集団を連結させる役割を果たしていることを示している。

なお、押坂彦人皇子は糠手姫皇女（父敏達天皇・母伊勢大鹿首小熊の女菟名子）とも異母兄弟姉妹婚姻を行っており、糠手姫皇女は田村皇女・宝王・嶋皇祖母命とも呼ばれており、押坂彦人皇子との間に、後に舒明天皇として即位する田村皇子をもうけている。

また、敏達天皇を父とする異母兄弟姉妹婚は以上で尽きるが、父を用明とする異母兄弟姉妹婚は、廐戸皇子（母穴穂部間人皇女）と菟道貝蛸皇女（母推古）の一例があり、崇峻天皇を父とする異母兄弟姉妹婚の例はまったくない。

敏達天皇らの次世代にあたる押坂彦人皇子らを父とする異母兄弟姉妹婚は、廐戸皇子を父とする山背皇子（母蘇我刀自古郎女）と舂米女王（母膳菩岐々美郎女）の婚姻例を挙げることができる。

オジ―メイ・オバ―オイの異世代婚

こうした婚姻に加えて、いま一つ見すごすことのできないのが、オジ―メイ・オバ―オイの異世代婚であり、表8に示したような婚姻例を見出すことができる。

オジ―メイ婚やオバ―オイ婚は、異世代婚として括ることのできる婚姻であるが、これも他集団との連結を目的とした婚姻と考えられる。この婚姻は、婚姻相手が異母兄弟姉妹の中に見出せないときに採られる婚姻でもあるだろうが、これだけにとどまるものでない。異世代婚の名のとおり、世代を連結させる機能を重視して、次世代の他集団との連結を意図するときに採られた婚姻とみるべきであろう。

表8の事例はいずれも興味深い婚姻であるが、とりわけ目を引くのは、次の三例である。最初の例は、用明天皇が母の堅塩媛の妹であり欽明天皇のキサキでもあった蘇我石寸名とオバーオイ婚をしている例であり、第二の例は、用明のキサキの穴穂部間人皇女が用明没後、息男の廐戸皇子の異母弟にあたる田目皇子とオバーオイ婚をしている例である。最後の例は、舒明天皇が田眼皇女とオバーオイ婚をしただけでなく、宝皇女（皇極天皇）とオジーメイ婚の二つの異世代婚をしている例である。

こうした異母兄弟姉妹婚とオジーメイ・オバーオイの異世代婚による近親婚の盛行は、六・七世紀の王権の内部的な必要性から生じたものであり、そのときどきの政治的課題を担って実現したものであった。

こうした近親婚の理解に対して、〈聖別化〉された王族の子女〈ヒメ〉を特別な存在として想定し、そうした〈ヒメ〉との婚姻なくして王位継承が不可能であったとみる小林茂文氏の見解がある（『周縁の古代史—王権と性・子ども・境界』（有精堂出版、一九九四年）。

欽明天皇と小姉君の子の穴穂部皇子が自分への王位継承を要求して、額田部大后（推古）がいる敏達の死没に伴う殯（もがり）の場に乱入をはかった事件などが一つの根拠として出されている。

しかし、〈聖別化〉された王族の子女〈ヒメ〉との婚姻が、王位継承の絶対的な条件とみるのは過剰な評価であろう。この点の評価は、六・七世紀の王位継承の在り方の理解と関わる。ここでは、その子細を記すことができないので、さらに興味をおもちの方は、拙論「古代の王位継承と「聖徳太子」」（『日本古代王権の研究』吉川弘文館、二〇〇六年）を参照してもらいたい。

本書では、この時期の、異母兄弟姉妹婚とオジーメイ・オバーオイの異世代婚による近

表8　オバーオイ婚とオジーメイ婚の婚姻例（2）

オバーオイ婚		オジーメイ婚	
蘇我石寸名	用明天皇	廐戸皇子	橘大郎女
穴穂部間人皇女	田目皇子	舒明天皇	皇極天皇
田眼皇女	舒明天皇	孝徳天皇	間人皇女
佐富女王	長谷皇子（廐戸の子）		

図10　推古・用明朝のオバ―オイ婚とオジ―メイ婚

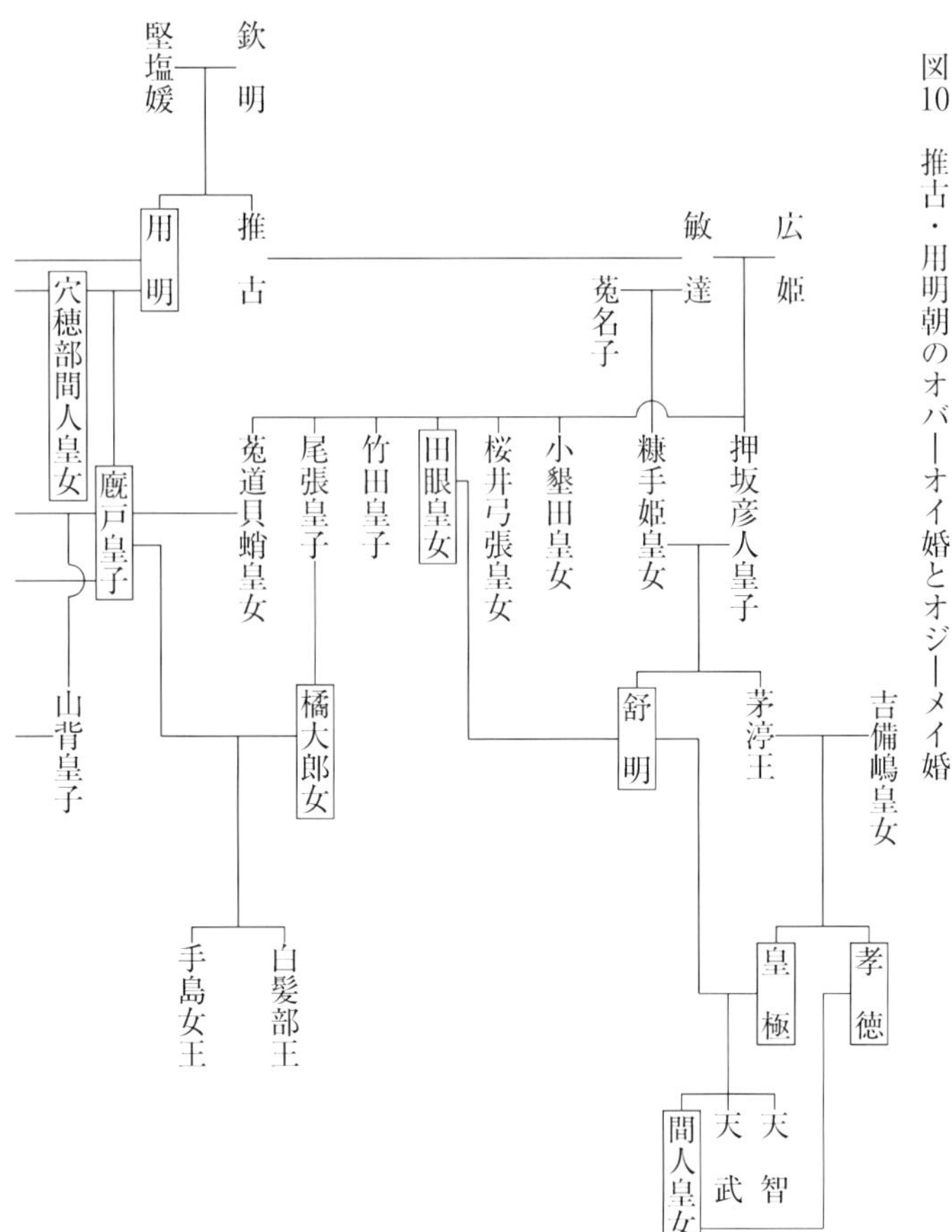

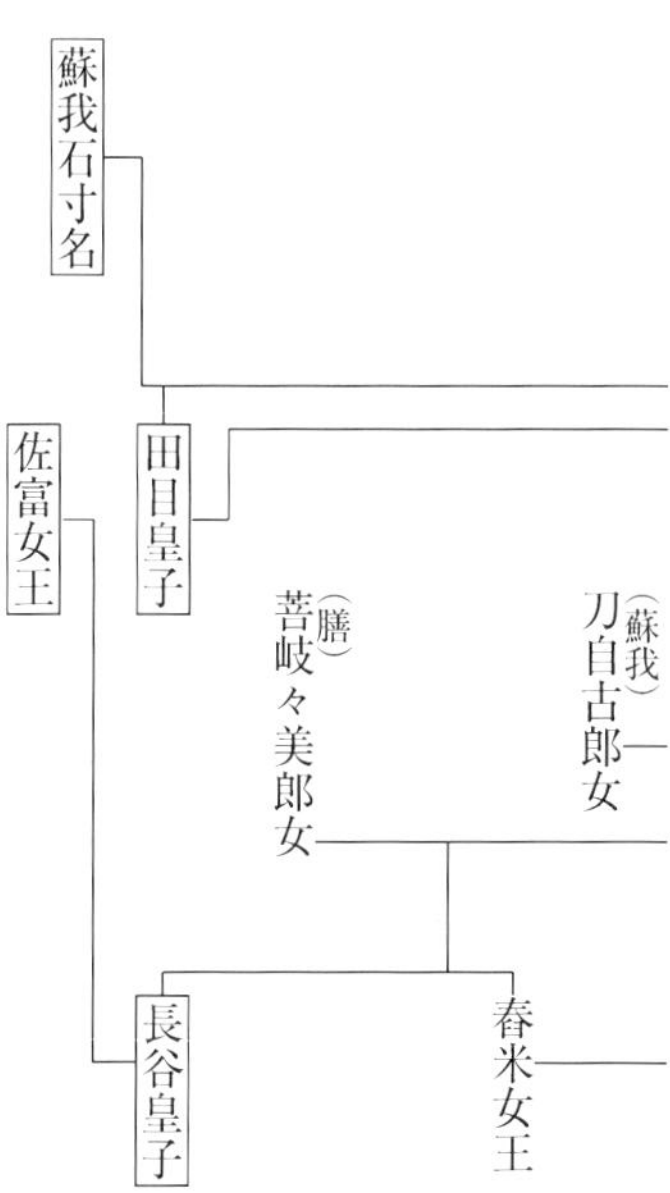

親婚の一つ一つがもっている、その必要性や課題を網羅的に検討することはできない。それでも、第一節との関連だけでなく、これからの叙述の必要からも、天武・持統朝の王権を生み出した息長王統の婚姻について宝皇女（皇極）を中心に検討しておこう。

息長王家の近親婚

宝皇女（皇極）の生年は不明であるが、最初、用明天皇の孫にあたる高向王と婚姻している。後に押坂彦人皇子の子の田村皇子（舒明）とも婚姻を結び、長子にあたる葛城皇子（中大兄皇子＝天智）が、推古三四年（六二六）に誕生している。このことから、二人の婚姻はこの年の近くであろう。

この婚姻の成立時期は、推古女帝の統治の晩年にあたる。次期の王位継承は未だ決定していないが、廐戸皇子の子、山背皇子と宝皇女の夫となる田村皇子が有力な候補である。田村皇子は、蘇我蝦夷の女と婚姻関係をもちつつも、宝皇女とのオジ―メイ婚も選択したのである。残念ながら、この婚姻が田村皇子からの申し出なのか、茅渟(ちぬ)王―宝皇女からの申し出なのかは不明である。

それでも、この婚姻は押坂彦人皇子の子の田村皇子と同じく、押坂彦人皇子の子である茅渟王の女の宝皇女との婚姻である、という点に留意して、次のように婚姻の意図を推測することができるのである。

すなわち、この婚姻は宝皇女が連結役を担うことによって、田村皇子や茅渟王らが継承した「押坂彦人皇子宮」の資産の分散を防ぐことに大いに役に立ったと思える。

改めて述べるまでもなく、宝皇女は、舒明との間に葛城皇子（中大兄皇子・天智天皇）の他に間人皇女（孝徳天皇の大后）と大海人皇子（天武天皇）をもうけており、そのことによって、その後の七世紀後半の歴史を特徴付ける欽明―敏達―押坂彦人皇子の系譜に連なる息長系大王を出す中心的な位置を占めた存在として知られている。

ここまで述べてきた経緯を考えれば、田村皇子（オジ）―宝皇女（メイ）の異世代婚姻が成立していなかったならば、舒明以後の王位継承はまったく異なった展開となり、それだけに息長王統の確立に占める宝皇女―皇極・斉明女帝の果たした役割の大きいことがわかるはずである。

一つの婚姻が歴史の分岐点となる場合もあり、決定的な意義を生み出す場合もある。宝皇女が行ったオジの田村皇子との婚姻も、そうした婚姻であったのである。

例示した異母兄弟姉妹婚とオジ―メイ・オバ―オイの異世代婚による近親婚は、宝皇女と同様に、六・七世紀の政治過程と王権の構造的変化を視野に入れて分析することで、さらなる新知見を得ることができるはずである。今後に期待したい。

倭と東アジアの国際婚姻

倭王権の国際婚姻

倭王権の国際婚姻

女性史や家族史の研究は、戦後、飛躍的に高まりをみせた研究領域であり、それらの研究に占める婚姻史研究の割合は決して低いものでなかった。

しかし、「国際婚姻」となるとほとんど問題にされることはなく、それは日本古代史だけの問題でなく、前近代史においても同様であったといえる。

したがって、倭王権の国際婚姻を考える史料として、次のような『日本書紀』の記事があることについても考慮されることは少なかった。

○応神紀三九年二月条

百済の直支王、その妹新齊都媛を遣して仕えまつらしむ。爰に新齊都媛、七の婦女を率て来帰り。

○雄略紀二年七月条

百済の池津媛、天皇の将に幸さむとするに違ひて、石川楯に淫けぬ旧本に云はく、石川股合首の祖楯という。天皇、大きに怒りたまひて、大伴室屋大連に詔して、来目部をして夫婦の四支を木に張りて、假庪の上に置かしめて、火を以て焼き殺しつ。百済新撰に云はく、己巳年に蓋鹵王立つ。天皇、阿禮奴跪を遣して、来りて女郎を索はしむ。百済、慕尼夫人の女を装飾らしめて適稽女郎と云う。天皇に貢進るという。

○雄略紀五年四月条。

百済加須利君蓋鹵王なり、飛に池津媛の燔殺されたることを聞きて適稽女郎ぞ籌議りて曰はく。「昔、女人を貢りて采女とせり。而るを既に禮無くして、我が国の名を失へり。今より以後、女を貢るべからず」。乃ち其の弟軍君昆支なりに告げて曰はく、「汝、日本に往でて天皇に事へまつれ」といふ。（後略）

最初の史料は、百済の直支王（腆支王）がその妹の新齊都媛を倭王に派遣したという記事である。次の史料は、百済王の派遣した池津媛（適稽女郎）が石河楯と密通したことを理由に焼死させたという記事であり、三つ目の史料は二つ目の史料と関連するもので、池津媛を焼死させたことに怒った百済王が、以後、その王族女性を派遣しないことを述べた記事である。

三つの史料は、史実か否かの問題を残すが、倭王が倭国外の女性と婚姻のあったことを、明示する貴重な史料である。

かつて、池内宏氏はこれらの『日本書紀』の三つの記事について、『三国史記』百済本紀毗有（ひゆう）王二年（四二八）戊辰条に「倭国使至、従者五十人」とあることに着目し、応神紀の年紀がこれと一致することから、年代は『三国史記』に従うべきとし、新齊都媛と池津媛（適稽女郎）「貢上」の説話の基礎となる事実が毗有王二・三年の交にあたる五世紀第二四半期にあったものと指摘した（池内宏『日本上代史の研究』中央公論社、一九七〇年）。

また、三品彰英氏は、新齊都媛が「七（人）の婦女」とともに来帰した応神紀の記事について、考証すべき手掛かりはないが、腆支王代・毗有王代は日本と百済の親交度の高い時代であるからそうしたこともあり得たであろうとし、また、雄略紀の池津媛の所伝は、「類似」の所伝としている（『日本書紀朝鮮関係記事考證』上巻、吉川弘文館、一九六二年）。

外交としての「婚姻」

このうち最も重要なのは、雄略紀二年七月条所引の『百済新撰』の記事である。『百済新撰』の中核となる部分は、倭王が「阿礼奴跪」を百済に派遣し、百済王が「慕尼夫人」の「女」である「適稽女郎」を送ったというところである。この中核部分に矛盾はないが、その年紀については『百済新撰』が記す「己巳年」が四二九年とすると雄略の時代でなくなり、干支を一運（六〇年）下げて四八九年とすると百済王は東城王（在位四七九―五〇一）となり、「蓋鹵王」の時代とする記載と食い違うことになる。

また、「己巳年」が四二九年であれ、四八九年であれ、蓋鹵王の時代でないことは明瞭である。

こうした点を考慮すると、「己巳年」か「蓋鹵王」のいずれかを誤記・誤伝とするしかないであろう。いずれを取るかは難しいが、解釈の可能性は次の三つが考えられる。

①「己巳年」を活かして、四二九年の毗有王の時代とする。
②「己巳年」を活かして、四二九年を一運（六〇年）下げ、四八九年の東城王の時代とする。
③「蓋鹵王」を活かして、その時代（四五五年―七五年）とする。

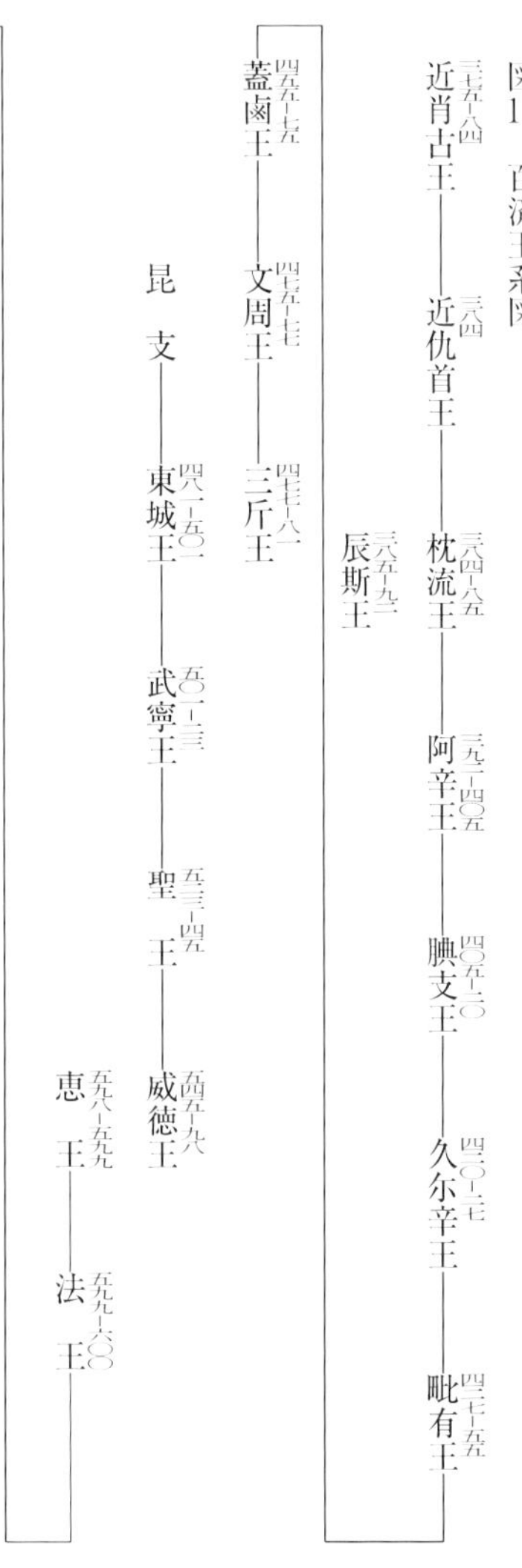

図11　百済王系図

坂元義種氏は、この婚姻を東アジア国際関係史の中でとらえる必要性と重要性を早くから指摘している（「中国史籍における百済王関係記事の検討」『百済史の研究』塙書房、一九七八年）。坂元氏は、解釈の第三の可能性である「蓋鹵王」の時代であったにもかかわらず、誤って干支を記したとする理解は取らず、「蓋鹵王」の記載は誤記の可能性が高いことを指摘している。

すなわち、『宋書』百済伝元嘉七年（四三〇）条にみえる「百済王余毗、また修貢を修む。映の爵号を以て之を授く」という記述を踏まえ、「元嘉六年つまり己巳年（四二九）」には余毗の前王が死に、余毗が新しい百済王の地位を得ていた可能性」を指摘され、雄略紀二年七月条所引の『百済新撰』の記載は、本来、「毗有王」とあったものが『日本書紀』の成書段階で誤って「蓋鹵王」とされたのではないかと推測している。

坂元氏の見解を参照し、加えて池内宏氏が注目したように『三国史記』の記載を取ると、新齊都媛と池津媛（適稽女郎）の「貢上」の説話の基礎となる事実が毗有王の時代にあたる五世紀第二四半期にあったものとみるのもあながち失当とは思えない。

このように池内氏の指摘が妥当であると考えると、実年代になお検討の余地を残すが、これまで見すごされてきた注目すべき点が浮かび上がってくる。

まず、第一に、『日本書紀』の記載は、伝承とはいえ倭の大王家と百済王家との婚姻を記しており、五世紀の倭国王が海外の王族女性と国際婚姻を行っている点が注目される。

また、第二に、『日本書紀』が雄略紀に百済が以後、王女を倭国に出さないことを示す史料を配置することによって、百済国の王族女性と倭国の大王や王族男性との間の婚姻の不在を説明しているように、『日本書紀』は雄略紀以後、倭国王と海外の王権の女性との国際婚姻を示す記事をまったく載せていない点である。

日本の古代王権は、東アジアの国際環境と無関係でありえず、さまざまなレベルで国際交流が望まれていた。こうした点を考慮すれば、外交上、また、政治的同盟・服属を確認する必要から東アジアの諸王権と婚姻を通じた関係を創り出しても不思議ではないはずである。

また、『宋書』倭国伝や「広開土王碑文」などの史資料によれば、四世紀中葉から五世紀にかけての倭国は、戦争を含む外交を東アジアの諸王権と盛んに行っていたことが知られている。

これらを踏まえると、『日本書紀』が五世紀の大王と百済王家との婚姻を示す記事を載せているのは、『日本書紀』の記述を細部にわたってそのまま信憑性のあるものと断じきれないものの、さりとて、取り立てて奇異といえる記事であるわけではないのである。

さらに、六世紀以前の日本の王権が海外の王権と婚姻関係をもっていたことを示す微証は、この他に日本の史料ではないが、次のような史料もある。

すなわち、『三国史記』「新羅本紀」訖解尼師今（きつかいにしきん）三年（三一二）三月条は、倭国王が子の「婚」を求めて、新羅王権に使者を派遣してきたので、阿飡（あさん）の急利（きゅうり）の女子を倭国に送った

（「倭国王遣使、為子求婚。以阿飡急利女送之」）と記している。

また、訖解尼師今三五年（三四四）春二月条では、倭国王の再度の「婚」の求めを拒否したことが記され（「倭国遣使請婚。辞以女既出嫁」）、その結果、翌年には国交が断絶したにとどまらず（三六年二月条）、倭軍による新羅への侵攻があったとする記事（三七年条）も載せている。

王権間の婚姻の成立・不成立が国交の成否を左右し、ときとして戦争にまで展開する事情が、伝承とはいえ、ここにうかがえるのである。

いずれも新羅に関わる伝承であり、史実とするにはなお別途の証明を必要とするが、日本の王権が海外の王権と婚姻関係をもっていたことを示す史料が朝鮮史料からも指摘できることを軽視してはならないであろう。

そして、また、このような王権間の婚姻は、記紀の語る日本の歴史の世界ではわずかな数でしかないが、中国・朝鮮史料に及んでその事例を求めると決して希有なものでないことがわかる。このことを次節で詳しくみてみよう。

東アジア諸王権の国際婚姻

ヨーロッパと中国の国際婚姻

国際婚姻が、世界史的にみて大きな意味をもったことを教えてくれる例の一つに、ハプスブルク家のそれがある。時代を異にし、アジアではなくヨーロッパの事例であるが、国際婚姻がもたらす意義を考えるうえで参考になるので、少しふれておきたい。

さて、熾烈な戦争を重ねて領土を拡げ帝国を築いた世界の歴史は数あるが、ハプスブルク帝国は婚姻関係を通じて一大帝国を作り上げた点で希有である。

ハプスブルク家は、スイス東北部アウルガウ州からドイツとフランスの国境のアルザス地方にかけての一帯が揺籃の地とされている。ここはヨーロッパの心臓部にあたり、交通上の要地に位置する地勢上の好条件にあり、また、その始祖にあたるルードルフ一世（一二一八—九一）が神聖ローマ帝国の皇帝に選出される幸運も加わり、ハプスブルク家は基礎を作り、後に「帝国」ともいえる広大な版図を築くことになる。

ハプスブルク家の繁栄は、俚言として伝わる「戦は他国に任せておけ。幸いなるオーストリアよ。汝は結婚せよ」という言葉に端的に表されている。

俚言の中の「オーストリア」は「ハプスブルク家」と同義であり、ハプスブルク家は婚姻関係を結ぶことでその支配領域を拡げていった。

ルードルフ一世の後に、アルフレヒト一世（一二五五—一三〇八）・フリードリヒ一世（一二八九—一三三〇）と継承され、マクシミリアン一世（一四五九—一五一九）は、ブルゴーニュ公国（オランダ・ベルギー・ルクセンブルク・ブルゴーニュ・アルザス・ロレーヌを支配）のマリアと結婚し、ブルゴーニュ公国をハプスブルク家の領土とする。さらに、その息子のフィリップ一世は、スペインの王族女性ファナと結婚し、スペインおよびスペイン領の南イタリアをも領土とすることになる。

フィリップ一世とファナとの間に生まれたカール五世は、オーストリア・ブルゴーニュ・スペインを支配し、弟のフェルディナンド一世はハンガリー王族女性アンナと結婚し、ボヘミアとハンガリーの王となっている。

カール五世や弟のフェルディナンド一世が死去して後も、ハプスブルク家は一九一六年に最後の皇帝フランツ・ヨーゼフが亡くなるまでの七〇〇年間にわたってヨーロッパの歴史にその栄華の跡を刻んでいるのである。

他方、古代東アジアの諸王権も、王権間の政治的同盟・服属関係を構築するとき、国際婚姻は外交上の重要な切り札の一つであった。

中国では、前漢や唐代に西域に住む異民族の君主と関係を深めるために王族の女性を降嫁させている。こうした女性が、「和蕃公主（わばんこうしゅ）」といわれる存在であるが、公主たちは皇帝の娘として嫁ぐが、皇帝の実の娘や王族の女性でない場合もある。

このように中国皇帝の取った周辺諸民族との「和親（わしん）」政策は、婚姻を通じて皇帝の統治を安定化させ、そのことによって権威を強化させていたのである。

こうした中国の「和親」政策でよく知られているのは、漢代の武帝の兄の孫娘で烏孫（うそん）王に嫁いだ烏孫公主の「劉細君（りゅうさいくん）」や、皇帝の娘ではないが後宮の女官であった「王昭君」の例、あるいは唐代の太宗の養女で吐蕃（とばん）（現在のチベット）王ソンツェンガンポに嫁いだ「文成公主」の例であろう。

劉細君と王昭君

劉細君は、本名を劉解憂といい、武帝の時代の江都王劉建の娘である。元豊六年（前一〇五）、公主として西域の烏孫国（天山山脈の北、現在のキルギスあたりに紀元前一六一年ころから五世紀にかけて繁栄した遊牧国家）の王と婚姻し、江都公主・烏孫公主とも呼ばれる。

この婚姻は、匈奴の攻撃を恐れた烏孫が漢の皇帝の娘である公主を娶り、漢と兄弟となることを希望したことから生じたもので、烏孫は千匹の馬を結納として送り、漢は江都公主を嫁がせた。迎えた烏孫王（昆莫）の猟驕靡は江都公主を右夫人とし、匈奴からきた嫁を左夫人としたが、老齢を理由に公主を孫の岑陬軍須靡に娶らせた。

次に示す「悲愁歌」は、劉細君が烏孫の地で詠んだもので、風土・生活条件の異なる異国の地で過ごす毎日と望郷の念を表し、その哀切さが伝わる。

吾が家　我を嫁がす　天の一方
遠く　異國に　託す　烏孫王
穹盧を　室と爲して　氈を牆と爲し
肉を以て　食と爲して　酪を漿と爲す
居常　土を思ひ　心　内に傷め、

　願はくは　黄鵠と為りて　故郷に帰らん

劉細君は、岑陬軍須靡の死後、従兄弟の肥王（翁帰靡）が烏孫王となると彼の妻となり、三男二女の子をもうけた。肥王の死後には狂王（泥靡）の妻となり、一男を産んでいる。波乱に富んだ人生を送った劉細君解憂は、甘露三年（前五一）に孫とともに漢に帰国し、田宅・奴婢を賜わり、その二年後に亡くなっている。

他方、王昭君は荊州南郡（現在の湖北省沙市）の出身。前漢の元帝（在位　前四八年—前三三年）の時代の後宮女官であり、匈奴との和親政策から呼韓邪単于の妻として匈奴の地に赴いたことで知られる。

この事実は、後代になると、いくつものエピソードが盛り込まれ、王昭君伝説として普及している。前漢時代の雑事を記録した『西京雑記』（伝劉歆撰）は、次のような王昭君のエピソードを載せている。

呼韓邪単于は、みずからの閼氏（単于の妻の意）として元帝の娘を望んでいた。だが、元帝は公主を嫁がせる気はなく、代わりに後宮の女官の中から醜女を選ぶこととし、宮廷画師の毛延寿に女官らの姿を描かせることにした。王昭君は、絶世の美女でありながら、他の女官と異なり賄賂を贈らなかったために醜女に描かれ、そのため匈奴に送られることになったのである。

王昭君は、呼韓邪単于の死去後、その息子の復株累若鞮単于の妻になって二女をもうけている。これは、寡婦が死亡した夫の兄弟と結婚するレヴィレート婚と呼ばれる慣行であり、匈奴の婚姻慣行であった。

唐代の和蕃公主

和親政策によって和蕃公主が多く生まれたのは唐の時代である。ここでは、太宗の養女で、吐蕃王のもとに嫁いだ和蕃公主の文成公主を代表例にして唐代の実情をみておこう。

文成公主の婚姻先となった吐蕃（現在のチベット）は、このころソンツェン・ガンポが吐蕃王として君臨し、ラサに遷都し、統一を成し遂げ、吐蕃は国力を充実させていた。六三八年、一八歳になった皇子のクンソン・クンツェンに王位を譲ったソンツェン・ガンポは、躍進する吐蕃の力を背景に、唐王室に婚姻を求めた結果、唐の太宗は文成公主を降嫁させることを決め、六四〇年、新王のもとに輿入れさせている。

文成公主は、クンソン・クンツェン王との間に一子をもうけたが、新王は六四三年に二三歳で没してしまう。そのため、ソンツェンガムポが再び王位につき、六四六年に亡き息子の嫁であった文成公主を妻に迎えたが、その彼も三年後の六四九年に没している。その

表9　唐代の和蕃公主一覧

年	皇帝	和蕃公主	続柄	婚姻国	婚姻相手	典拠
六四〇	太宗	弘化公主	宗室女	吐谷渾	諾曷鉢	『旧唐書』巻一九八吐谷渾伝 『新唐書』巻二二一上吐谷渾伝
六四一	太宗	文成公主	宗室女	吐蕃	弄讃	『旧唐書』巻一九六上吐蕃伝上 『新唐書』巻二一六上吐蕃伝上
七一〇	中宗	金城公主	雍王、李守禮女	吐蕃	棄隷蹜賛	『旧唐書』巻一九六上吐蕃伝上 『新唐書』巻二一六上吐蕃伝上
七一七	玄宗	固安公主	従外甥、辛景初女	奚	李大酺	『旧唐書』巻八玄宗紀 『新唐書』巻二一九奚伝
七一七	玄宗	永楽公主	東平王外孫、楊元嗣女	契丹	李失活	『旧唐書』巻八玄宗紀 『新唐書』巻二一九契丹伝
七二二	玄宗	交河公主	阿史那懐道女	突騎施	蘇禄	『旧唐書』巻一九四下突厥伝下 『新唐書』巻二一五下突厥伝下
七二二	玄宗	東光公主	成安公主女	奚	李魯蘇	『旧唐書』巻八玄宗紀 『新唐書』巻二一九契丹伝
七二二	玄宗	燕郡公主	従妹の夫、慕容嘉賓女	契丹	李鬱于	『旧唐書』巻八玄宗紀 『新唐書』巻二一九契丹伝

七二六	玄宗	東華公主	従外甥女、陳氏	契丹	李邵固	『旧唐書』巻八玄宗紀 『新唐書』巻二一九契丹伝
七四四	玄宗	和儀公主	四従弟、李参女	寧遠国	爛達干	『新唐書』巻二二一下寧遠伝
七四五	玄宗	静楽公主	外孫女、独孤氏	契丹	李懐節	『旧唐書』巻九玄宗紀 『新唐書』巻二一九契丹伝
七四五	玄宗	宜芳公主	外甥女、楊氏	奚	李遠籠	『旧唐書』巻八玄宗紀 『新唐書』巻二一九奚伝
七五八	粛宗	寧国公主	粛宗二女	廻紇	英武威遠可汗	『旧唐書』巻一九五廻紇伝 『新唐書』巻二一七上回鶻伝上
七六九	代宗	崇徽公主	僕固懐恩女	廻紇	英義建功可汗	『旧唐書』巻一二一僕固懐恩伝 『新唐書』巻二一七上回鶻伝上
七八八	徳宗	咸安公主	徳宗八女	廻紇	天親可汗	『旧唐書』巻一三〇関播伝 『新唐書』巻二一七上回鶻伝上
八二一	穆宗	太和公主	穆宗妹	廻紇	崇徳可汗	『旧唐書』巻一九五廻紇伝 『新唐書』巻二一七下回鶻伝下

後、王位は文成公主の子マンルン・マンツェンが継承したが、六八〇年、文成公主は吐蕃に嫁いで四〇年、病を得て亡くなっている。

文成公主は仏教を深く信奉し、小昭寺や大昭寺を修築させ、長安からもたらした釈迦牟尼像を安置した。また、公主は吐蕃に穀物・野菜の種子、薬材や各種の書物をもたらし、醸造や製紙や紡績などの技術を移入させたという伝承を残している。

こうした和蕃公主は、唐代では表9に示したように十六例が知られている。このうち、玄宗の時代（七一二―五六）に限れば、奚（モンゴル高原東部から中国東北部に存在していた国）が三例（固安公主・東光公主・宜芳公主）、契丹が四例（永楽公主・燕郡公主・東華公主・静楽公主）、突騎施（テュルギシュ、中央アジアの西突厥系の国）が一例（交河公主）、寧遠国（中央アジアのフェルガナ地方に存在したアーリア系民族の国家か）が一例（和儀公主）の、計九例の和蕃公主が数えられ、公主降嫁が頻繁に行われていたことがわかる。

藤野月子氏は、漢代から唐代にいたる和蕃公主の研究を精力的に行っているが、唐代の和蕃公主の十六例という数が、漢代の六例、五胡十六国から北朝の時代の九例、隋代の五例をはるかに上回ることに着目し、和蕃公主の降嫁が外交の重要な施策として行われていたことを指摘している（「唐代の和蕃公主をめぐる諸問題」『東洋史論集』三四、二〇〇六年）。

内命婦制度

いうまでもないが、唐代の公主のその総てが和蕃公主として異国の地に赴いたわけではない。和蕃公主となったのは公主の中の一部である。唐代の他の多くの公主について、高世瑜氏の研究に依拠して簡単に説明を加えておこう（『大唐帝国の女性たち』小林一美・任明訳、岩波書店、一九九九年）。

唐代の命婦制度には、内命婦制と外命婦制の二つがある。このうち、内命婦は次の五つに区分され、それぞれを

一、皇帝の姑母（皇帝の父の姉妹）を大長公主、

二、皇帝の姉妹を長公主、

三、皇帝の娘を公主、

四、皇太子の娘を郡主、

五、親王の娘を県主

と呼んだ。

また、外命婦制には、国夫人・郡夫人・県夫人・郡君・県君・郷君の六等級があった。

このうち、皇帝の娘にあたる公主の婚姻相手は時期によって特徴があり、唐朝前期には「尚主（公主の夫）は、皆、貴戚（天子の親戚）、勲臣（功臣）の家から取る」（『資治通鑑』巻二三九、憲宗元和九年）のが通例とされていたようで、次のような事例が知られる。

王家の外甥の場合

皇帝の姉妹（長公主）の息子

太宗の女子　巴陵公主—叔母の平陽公主の息子

高宗の女子　太平公主—叔母の城陽公主の息子

玄宗の女子　臨晋公主—伯母の代国公主の息子

外戚の場合

太宗の女子　長楽公主—母である長孫皇后の甥

　　　　　　蘭陵公主—祖母竇太公の一族の男子

高宗の女子　太平公主（再婚・三婚の相手は母の武氏の一族の男子）

中宗の女子　成安公主—韋后の甥

勲臣（功臣）の家の場合

太宗の女子　清河公主—程知節の息子

太宗の女子　臨川公主—周範の息子

太宗の女子　襄陽公主—宰相蕭瑀

太宗の女子　高陽公主—宰相房玄齢の息子

その後、唐の中期以降の変化として、高世瑜氏は三点にわたって婚姻の特徴を挙げている。第一の特徴として挙げられるのは、婿の選定に際して「詩文に優れた人物を重んじ始めた」ことから、文人への降嫁が行われるようになったことである。その例として、憲宗が公卿士大夫の子弟との限定をつけたうえで、「文雅清貫」にいる者の中から公主の婿を選ぶように命じ、その女子の岐陽公主は杜佑の孫杜悰の妻となっている例を挙げている。

第二の特徴として、名門貴顕の家柄からではなく清廉で礼法を尊ぶ士族出身者を重んじるようになったことが挙げられる。

宣宗の女子　万寿公主―（山東士族の進士、鄭顥）
　　　　　　公徳公主―（儒教の徳業の士、于琮）

第三の特徴として、政治情勢の影響を受けることが以前よりも多くなったことから、藩鎮その他の部将への降嫁も目立つようになってきたことが挙げられる。

代宗の女子　嘉誠公主―藩鎮の田緒
　　　　　　新都公主―節度使の嗣子の田華
徳宗の女子　義章公主―藩将の張孝忠
憲宗の女子　永昌公主―藩鎮の于頔

和蕃公主の降嫁は前漢に始まるが、それを和親政策として採るか否かは、中国のその後の王朝によって異なる。藤野月子氏の概括によれば、次のようになる。

漢代から唐代の国際婚姻

すなわち、後漢には和蕃公主降嫁の事例はなく、後に続く魏晋南朝の時代もその事例はない。ところが、ほぼ同時期の五胡十六国から北朝の時代は、その事例が豊富であるばかりでなく、周辺諸国の王族女性が中原王朝に嫁す事例がみられるようになり、隋唐にいたるとさらに盛んとなるが、次の五代十国から北宋の時代になると再びほとんどみられなくなる。

このように、その対応は、中国の歴代王朝によって異なるが、中国から周辺国へ公主を降嫁させる例だけでなく、五胡十六国から北朝の時代を経て隋唐の時代にいたっては、周辺国から中国に王族女性が婚姻を結ぶために送られる例もあるのである。

例えば、『旧唐書』巻一九四上、突厥伝には、武則天の統治下の周王朝時代にあたる聖暦元年（六九八）と長安三年（七〇三）に突厥の黙啜（もくせち）可汗（かかん）が自分の女（むすめ）と周（唐）王室の男性との婚姻の要望があり、それに応える対応を示している。いずれも、その後の事態の変動によって婚姻は不成立となってしまったが、突厥の王族女性の中国王室への入室が計られているのである。

また、『新唐書』巻二一七上、回鶻（ウイグル）伝には、至徳元年（七五六）にウイグル可汗が自分の養女と章懐太子の孫の敦煌王李承寀との婚姻を申し入れ、唐は王族女性を「毗化公主」として封じ、「王妃」としている。

これらの事例から藤野氏は「隋唐では周辺諸国から中原王朝への王族女性の入嫁はみられない」とする従来の見解に修正を加え、「中原王朝の男子と周辺諸国の女子との婚姻という形態をも、和親の一環として採用した」ことを指摘している。

こうした事実は、中国の王朝と周辺諸国が、双方向で婚姻を通じて国際関係を保っていることを意味している。

ただし、この双方向の婚姻関係は、東西南北の四方に等しく結ばれているわけでない。北方と西方の諸国・諸集団との婚姻関係の締結は、比較的多数確認できるのに対し、南方と東方はそれぞれ一例ずつではあるが婚姻関係が結ばれる寸前までいったが、後述するように、最終的には婚姻関係を作ることができなかった。この相違は、見落とせない事実である。

いま一つ、これまで記してきた点で留意しておくべきは、烏孫王（昆莫）の猟驕靡が江都公主を「右夫人」とし、匈奴からきた嫁を「左夫人」としている点であり、吐蕃（チベット）の王のソンツェンガムポが唐から和蕃公主として嫁してきた文成公主を妃としただけでなく、ネパールからナレンドラ・デーヴァの王族女性のティツンを妃に迎えている点である。

このような国内の女性だけでなく、国外からも王や王族の婚姻相手を求めることは、きわめて稀なことというわけでない。前者の事実を踏まえて、堀敏一氏は「この点は、烏孫の勢力の侮りがたいことを示すだけでなく、婚姻を通じた政治的緊張関係の緩和策が中国―漢の独占的政策でないことを端的に示しているといえよう」と述べている（『中国と古代東アジア世界』岩波書店、一九九三年）。

以上、婚姻を通じた国際関係の構築は、対外的な政治的緊張関係を緩和させる働きがあり、中国古代の王権―国家が、この方策を有効に活用していることをみてきた。ただし、その活用がされない時期もあること、また、その活用に限定される面もあることなどもみてきた。

これらの点を踏まえ、中国古代の王権―国家からみれば東アジアの周辺諸国の「国際婚姻」の事情がどうであったかを次にみてみよう。

ここでは、『三国史記』の記載にうかがえる朝鮮諸王権間の婚姻や中国王朝への「王族女性」「美女」の「貢献」に関する記事などを参考にして、百済・高句麗・新羅・伽耶の「国際婚姻」の実状をみてみたい。

百済・高句麗・新羅・伽耶の国際婚姻

『三国史記』から「国際婚姻」を推定できる史料を探ると、国際婚姻を考えるうえで注目すべきいくつかの史料を見出すことができる。

○「新羅本紀」照知麻立干十五年（四九三）春三月条
百済王牟大、使を遣わし婚を請う、王、伊伐湌比智の女を以て送る。

○「百済本紀」東城王十五年（四九三）三月条
王、使を遣わし新羅に婚を請う、羅王、伊湌比智の女を以て帰す。

○「新羅本紀」真興王十四年（五五三）冬十月条
百済の王族女性を娶りて、小妃と為す。

○「百済本紀」聖王三一年（五五三）十月条
王族女性を新羅に帰す。

四つの史料は、二つに区分でき、ともに新羅王権と百済王権が結んだ四九三年と五五三年の婚姻関係を示すものである。

すなわち、「新羅本紀」照知麻立干十五年（四九三）春三月条は、百済王牟大（東城王）が「婚」を求めてきたので、伊伐飡の比智の女を送ったことを記し、次の「百済本紀」東城王十五年（四九三）三月条も、百済王が新羅王の照知麻立干に「婚」を申し入れたところ、伊飡の比智の女を送ってきたことを記している。

また、「新羅本紀」真興王十四年（五五三）冬十月条は、真興王が百済王の女を娶って「小妃」としたことを記し、次の「百済本紀」聖王三一年（五五三）十月条も、百済の王族女性を新羅の真興王に送ったことを記している。

前者は、新羅王が臣下（伊伐飡の比智）の女を百済王に送った記事であり、後者は、百済王が王族女性を新羅王に送っている記事である。婚姻する女性が臣下の女であるか、王家の女であるかは、朝鮮古代王権の婚姻の特質を考えるうえで重要であるが、このことを判断できるだけの関係史料が少ないので、王権間の婚姻は必ずしも王族女性である必要はなかったらしいとの指摘に、本書ではとどめておきたい。

新羅王権と百済王権の婚姻は、これ以外にも、『三国史記』「新羅本紀」文武王五年（六六五）八月条にみえる。これによれば、唐皇帝の命を受けて新羅の文武王と百済の義慈王は、婚姻によって同盟の実を作ることを試み、白馬を殺し、血を歃って盟約を結ぶが、婚姻は実現しなかった。

このときの盟約文は、東城王十五年（四九三）の新羅王照智麻立干と百済王牟大（東城王）との間にかわされた婚姻同盟でも言及しており、両者の間で交わされた国際婚姻＝婚姻同盟がその後の両国に刻した歴史的意味の深さを物語っている。

こうした婚姻同盟は、複雑な東アジアの政治情勢の中にあって、ただちに将来にわたる両国間の友好関係を保証するものでなく、また、数も少ない。しかし、これらのことからその果たした意義をみようとしないのは、婚姻によって生じる二つの王権の血統を引き、二つの王権を媒介する王子・王族女性の誕生を常に可能性としてもっている点を見落としている点で誤りである。

また、新羅王権は、「新羅本紀」法興王九年（五二二）春三月条にみえるように、伽耶とも婚姻を通じた関係の構築のため伊飡の比助夫（ひじょふ）の妹を送っている。

この婚姻は、新羅から大伽耶連合へ楔を打ち込む政略的婚姻であるとする見解も出されており、その歴史的意義は顕著である。

また、『日本書紀』継体紀廿三年春三月条はこのことを記すもので、伽耶王が「新羅王女」を娶ったとするが、『三国史記』は「伊飡の比助夫の妹」としており、異伝として貴重である。

「美女」貢献

前述した『三国史記』「新羅本紀」法興王九年（五二二）春三月条や、「新羅本紀」文武王五年（六六五）八月条は、婚姻関係を作ることができなかった例となるが、国際婚姻を通じて新たな関係を生み出し、そのことによって事態の打開ないし進展を望んだことは確かなものと考えられる。

このように、婚姻関係を作る意図はあったが、種々の理由で実現にいたらなかった例にまで広げて関係史料をさらに探ると、次のような例を見出すことができる。

その典型例は、中国への女性の「貢献」である。いま、それらを例示すると、以下のようになる。

○「高句麗本紀」長寿王五四年（四六六）三月条

魏の文明太后が王族女性の差し出しを要求し、衆議の末、「弟女」を出すとしたが、魏の献文帝が亡くなったので中止する。

○「百済本紀」蓋鹵王十八年（四七二）条

高句麗への派兵を要請する北魏の孝文帝への上表で、女子を送り後宮での奉仕を誓うが、実効が薄いとみて取り止めとし、以後、朝貢も中止する。

○「新羅本紀」真平王五三年（六三一）秋七月条
唐に使者を遣わし、「美女」二人を差し出すが、送り帰される。
○「高句麗本紀」宝蔵王五年（六四六）五月条
唐に使者を遣わし、併せて「美女」二人を送るが、送り帰される。
○「新羅本紀」文武王八年（六六八）春条
唐、新羅に今後女子の貢献を禁じることを勅命す。
○「新羅本紀」聖徳王二二年（七二三）三月条
唐へ第十一品官の奈麻の天承の女、抱貞と第十二品官の大舎の忠訓の娘である貞宛の二人の「美女」を献じるが、送り帰される。
○「新羅本紀」元聖王八年（七九二）秋八月条
唐に「美女」金井蘭を送る。

これら北魏の二例と唐の五例、計七例のうちには『魏書』や『新唐書』からの引用とみなせるものがある。このことから、『三国史記』の一文は作文であり、虚偽の事実を描いたものとする理解も生まれるが、これらは成功はしなかったが国際婚姻を志向した実際例とみるべきであろう。

そのうえで、さらに目を向けるべきは、こうした方式の国際婚姻が新羅の例だけでなく、百済や高句麗も婚姻を通じた国際関係の構築を、その外交手段として用意していることが認められることであろう。

こうした対中国外交における「美女貢献」の形式を踏む婚姻は、もっと注目されてよい歴史的事実である。国際・国内の政治的状況から選択される王族から臣下にいたる多様な朝貢使者の派遣や男子王族の「人質」「宿衛（侍宿）」としての派遣と並ぶもので、「美女貢献」の形式を踏む婚姻も外交の一選択肢であることに留意しなければならないであろう。

さらに、「美女貢献」の形式を踏むこうした婚姻は、男性の「人質」「宿衛（侍宿）」と同等の外国手段と考えられる面をもつが、後宮への入内をみるという性差が及ぼす機能の点で決定的に異なることも見落とすべきでない。

対中国外交における「美女貢献」の形式を踏む婚姻の多くは、帰国を促されるなどして成功といえるものでなかったが、先に見たように、新羅王権と百済王権、新羅王権と伽耶王権は婚姻関係を作ることに成功している。

こうした婚姻をうかがわせる事例は、『三国史記』に限定しても以下のように他にもある。

「高句麗本紀」大武神王元年（十八）条によれば、大武神王の母は「多勿国王」松譲の女とされており、琉璃明王の代に他王権との婚姻があったことになり、「高句麗本紀」大武神王十五年（三二）四月条で大武神王の王子好童が「楽浪王」崔理の娘と婚姻し、婿となったことがわかり、「高句麗本紀」東川王十九年（二四五）三月条によれば、「東海」の人が高句麗王に美女を献じたので、後宮に入れたことが記されている。

これらは、いきなり史実であると断定できるものでないが、あり得る出来事であり、とりとめもない記事ではない。

さらに、注目すべき記事として、「百済本紀」責稽王元年（二八六）条は、百済王が帯方の王族女性の宝菓を娶り夫人としたことを記し、婚姻関係の成立によって百済王と帯方王は「舅甥」の関係なり、この関係を基礎に、百済王は高句麗に攻められた帯方に救援の兵を出していることが記されている。婚姻関係の成立が、両国間の軍事同盟にまで連動する場合もあることを、この例は示している。

これは、中国の公主降嫁による婚姻関係が、軍事同盟にまで連動する場合があるのと同じであり、婚姻を通じた国際関係の構築や修復が、古代中国の独占した方策というわけではないことを具体例として示すものである。

「美女」貢献の忌避

朝鮮諸国からの中国への「美女貢献」の形式を踏む国際婚姻は、先掲史料に明らかなように、「貢献」を忌避されている。北魏の文明太后は、高句麗に王族女性の差し出しを要求したが、献文帝の死去によって、この国際婚姻の企ては実現しなかった。この例は、忌避ではなく要求であるところが他の例と決定的に異なり留意が必要であるが、唐代の史料の多くは忌避である。このように、中国皇帝による東アジアからの「美女貢献」が忌避されているのは偶然とは考えられず、見すごしてはならない点である。

このことと密接に関わるのが、中国歴代の皇帝が和親政策を取る場合、北方と西方の諸国に公主降嫁を行っているのに対し、朝鮮三国および倭国など「東夷」の国々に対しては、公主降嫁策を考慮することはなかったという事実である。

これは、南方の諸国に対しても同様の部分があるが、公主降嫁策が唐代の南詔国に対して取られたことがある点で相違する。だが、それは、実現することなく終わり、公主降嫁の事実は皆無という点では東方諸国と同様である。

南詔（なんしょう）国は、八世紀半ば中国西南部、雲南地方の洱海（じかい）地区（現在の雲南省大理）に勃興したチベット・ビルマ語族の王国である。最盛期には四川や東南アジアにまで勢力を拡大したが、九〇二年、王国は滅亡する。

南詔は雲南西北部に勢力を延ばしていた吐蕃と同盟し、七五二年、第五代国王の閤羅鳳は吐蕃と冊封関係を結び、兄弟の国として東帝の号を賜った。七五四年、唐による南詔攻撃も吐蕃との連合でしのぎ、その後、唐と吐蕃が国力を衰退させると、成都の一時的占領や東南アジアを攻めるにいたっている。

八五九年、ときの南詔王の世隆は「皇帝」を自称し、国号を大礼国と名乗り、翌年、南詔軍は中国領ベトナムを攻め、交州（ハノイ）の安南都護府（とごふ）を攻略している。

このとき、黄巣（こうそう）の乱で反乱軍に追われて成都に逃れていた唐の僖宗（きそう）は、南詔を懐柔するためたび重なる要望のあった公主降嫁を行っている。南詔王隆舜に降嫁した公主は、懿宗（いそう）の第二女僖宗の姉妹で、安化公主と呼ばれていた公主である。

ちなみに、この南詔国は、『入唐求法巡礼行記』によれば、八三九年（開成四）正月の朝賀では南詔国の使者が周辺国の中では第一の序列を与えられている。

倭国の国際婚姻と「韓子」

これまで述べてきた点を踏まえると、先に指摘した倭王権の国際婚姻を示唆する事実も同一の地平でみなければならないことがわかるはずである。

すなわち、『日本書紀』応神紀三九年二月条や『日本書紀』雄略紀二年七月条が記す百済の直支王の妹新齊都媛と、『日本書紀』雄略紀五年四月条が記す百済の池津媛の例であり、これらは、百済王が倭王に女性を「貢献」した例であるとみなしてよいと考えられる。同様に、『三国史記』「新羅本紀」訖解尼師今三年（三一二）三月条や、『三国史記』「新羅本紀」訖解尼師今三五年（三四四）春二月条などなどの史料は、倭国王が新羅王権に「婚」を求めたことになっている。もし、この要請が実現していたならば、百済の王族女性と類似の「美女（釆女）貢献」の事例となっていたとも考えられる。ただし、この史料だけでは新羅との婚姻関係を示す史実として認定するのは困難であるから、史実としての認定は避けておきたい。

それでも、これらの史料は、『日本書紀』や『三国史記』が五世紀の倭国の大王と百済王家や新羅王家との婚姻を示すものであり、これらの史料だけを信憑性なしとして除外するのは行きすぎであろう。

このように考えられるならば、中国や百済・新羅・高句麗・伽耶などの国が他国と国際婚姻を結んでいるように、倭国もまた東アジアの諸国と国際婚姻を行っていたと考えることができるのである。

このことを、王や王族の者に限定することなく、それ以外の者も含めて具体例を求めると、その数は決して少なくないのである。

いま、倭国・日本の人の国際婚姻を示す史料として、継体紀廿四年秋九月条にみえる「吉備韓子那多利・斯布利」の部分に「大日本人、蕃女を娶りて生めるを、韓子とす」と付された「注」を示しておこう。

史料は、「大日本人」と「蕃女」との間に生まれた子を「韓子」と呼んだことを記している。これは、王族の者でないという意味で、倭国の一般男性と外国の一般女性との国際婚姻を示すものである。

このことを具体的に示している史料が、『日本書紀』欽明紀二年秋七月条の「紀臣奈率弥麻沙」に付された注である。そこには、「紀臣が韓婦を娶って生まれた子である」ことが記されており、「韓子」の実例となる。こうした存在が朝鮮半島だけでなく、列島内にも少なくなかったことが推測できる。

国際婚姻の諸相

さらに、欽明廿三年八月条は、見すごすことのできない国際婚姻を記述している。

（欽明廿三年）八月、天皇、大将軍大伴連狭手彦を遣はし、兵数万を領ひて、高麗を伐つ。狭手彦、乃(すなわ)ち百済の計を用ひて、高麗を打破りつ。（中略）美女媛(をみなひめ)媛は名なり。幷(あはせ)て其の従女(まかだち)、吾田子(あたこ)を以て、蘇我稲目宿禰大臣に送る。是に、大臣遂に二の女を納(い)れて、妻として、軽曲殿(かるのまがりどの)に居らしむ。

この史料は、蘇我稲目が、戦時下の略奪によって倭国に来た二人の高句麗の女性である美女媛と吾田子を「妻」としたことを記している。だが、「婚姻」当事者間に合意があったかどうかは疑わしい。しかし、『日本書紀』はこうした例も「婚姻」として扱っており、史実か否かに問題を残すが、これも史料が記す国際婚姻の例として該当する。

このように考えられるとすると、蘇我氏の婚姻の相手は、列島内に限定されていなかったことになる。蘇我稲目は、蘇我氏の実像を考えるうえで着目されねばならない一人であり、蘇我氏台頭の基礎を作った人であると考えられている。この史料は、その蘇我稲目が高句麗女性を「妻」としていることを伝えているのである。

蘇我氏と高句麗との関係を考える上だけでなく、六・七世紀の倭国と高句麗の関係を検討する際にも、この史料は考慮されねばならないものであろう。

それでは、こうした倭国一般男性と外国一般女性の婚姻は、六・七世紀に限られるのかというと、実はそうではない。この倭国一般男性と外国一般女性の婚姻事例は、八世紀以降にも数は多くはないが見出せる国際婚姻であり、それらを例示しておこう。

○羽栗吉麻呂と中国女性の事例

『類聚国史』一八七（還俗僧）延暦十七年（七九八）五月丙午（二七）条の正五位下羽栗翼の卒伝によれば、翼の父である羽栗吉麻呂は阿倍仲麻呂の「傔従」（従者）として渡唐し、唐の女性と結婚して翼と翔の二児を生んでいる。天平六年（七三四）、吉麻呂は子どもを伴い帰国している。二人の子どもたちは、その後、翼は宝亀八年（七七七）に准判官として、弟の翔も天平宝字三年（七五九）に録事として入唐している。

○藤原貞敏と中国女性の事例

『日本三代実録』貞観九年（八六七）十月四日条の従五位上藤原貞敏の卒伝によれば、藤原貞敏は大同二年（八〇七）に生まれ、貞観九年に死亡したが、承和二年（八三五）に遣唐使准判官として入唐し、唐の都で琵琶の名手「劉二郎」の娘である「劉嬢」と婚姻を結んでいる。

さらに、同様の国際婚姻は、藤原河清と中国女性との婚姻にも該当し、二人に間に生まれた女の「喜娘」が、『続日本紀』宝亀九年（七七八）十一月乙卯（十三）条の記載によって確かめられる。

これらの事例は、日本の官人が唐に赴き、彼の地で婚姻し、日本への帰国に際して、子どもがいた場合は子どもを伴っての帰国であったり、子どもがいない場合は本人だけで妻を伴っての帰国ではない。それは、中国では外国人と中国人との婚姻は許されていたが、婚姻相手である中国人女性は国外に出ることを禁断されていたためである（唐「衛禁律」越度縁辺関塞條疏議に「又準別格、諸蕃人所娶、得漢婦女為妻妾、並不得将還蕃内」とある。なお、該当条文は日本律にはない）。

ところが、唐律が禁止しているにもかかわらず、唐の地で唐の女性と婚姻し、日本への帰国に際して妻を連れて帰国した次のような事例もある。

○大春日朝臣清足と李自然の事例

甲子。唐女の李自然に従五位下を授く。大春日朝臣清足の妻なり。入唐し、自然を娶り、妻となす。帰朝の日、相随いて来る。

これは、『日本紀略』延暦十一年（七九二）五月甲子（一〇）条が引く『日本後紀』の逸文であり、日本官人の大春日清足と唐女の李自然の国際婚姻の記録である。

これまでみてきた事例は、いずれも倭国・日本の一般男性と外国の一般女性の国内・国外における婚姻例である。だが、国際婚姻は、こうした類型のものだけでない。これとは違った類型に属する国際婚姻を『日本書紀』は記している。それは、倭国の一般女性と外国の王族男性との婚姻例である。

　○天智即位前紀九月条

　九月、皇太子、長津宮に御します。織冠を以て、百済王子の豊璋に授けたまふ。復、多臣蒋敷の妹を以て、妻す。

これは、倭国に亡命していた百済王子の余豊璋に「織冠」を授けたうえ、多臣蒋敷の妹との婚姻をさせた記事であり、いままで述べてきた倭国・日本の一般男性と外国の一般女性の国内・国外における婚姻とは異なる倭国の一般女性と外国の王族男性との婚姻例である。この場合、留意すべきは、多臣蒋敷の妹を王族の女性に冒称させると、中国の「公主降嫁」の一類型となることであるが、その形式を取っていたとみる痕跡はない。

以上、これまでみてきた婚姻は、「婚姻」が生じた細部にわたる事由を問わずにみれば、いずれも「国際婚姻」といえるものである。したがって、国際婚姻は、倭国・日本が、東アジア世界の歴史に強く規定された「人流」と無縁でなかったことを踏まえれば、史料として検出できる数は多くないが、珍しいことでなかったということができる。

さらに、これらをみれば、倭国・日本にも中国・百済・高句麗・新羅・伽耶などと同様に、国際婚姻が存在したとみて誤りないのである。

こうした点を踏まえて、これまでの例示してきた国際婚姻を子細にみてみると、いくつかの特徴がみつかる。そこで、その特徴を鮮明にするために、国際婚姻を以下のような八つの類型に別けて考えてみたい。

国際婚姻の類型

Ⅰ　倭国・日本王族男性と外国王族女性
Ⅱ　倭国・日本王族女性と外国王族男性
Ⅲ　倭国・日本王族男性と外国一般女性
Ⅳ　倭国・日本王族女性と外国一般男性
Ⅴ　倭国・日本一般男性と外国王族女性
Ⅵ　倭国・日本一般女性と外国王族男性
Ⅶ　倭国・日本一般男性と外国一般女性
Ⅷ　倭国・日本一般女性と外国一般男性

なお、八つの類型の名称の中に「一般」としたのは、「非王族」と称してもよいもので、原理的には大臣・大連や左右大臣クラスから無位の男女の白丁までを包含するものである。この類型にもとづき、先項「倭国の国際婚姻」で国際婚姻の事例として示したものを整理すると、次のようになる。

第一に、『日本書紀』の説話構成上は、百済の直支王の「妹」の新齊都媛(しせつひめ)が倭王のもとに送られている。同様に、「池津媛＝適稽女郎(ちゃくけいえはしと)」は、百済王の「慕尼夫人(むにはしかし)」の「女」とされており、百済王族の一員として、倭王のもとに送られたことになっている。この二つの国際婚姻は、「Ⅰ倭国・日本王族男性と外国王族女性」の類型に属することになる。

第二に、『三国史記』「新羅本紀」訖解尼師今三年（三一二）三月条は、倭国王が息子の「婚」を求め、新羅王はそれに応じて阿飡(あさん)の急利の女子を倭国に送ったとしている。これは、「Ⅲ倭国・日本王族男性と外国一般女性」の類型に属することとなる。

第三に、『日本書紀』天智即位前紀（六六一）九月条が記す百済王子の余豊璋と多臣蔣(こも)敷(しき)の妹との婚姻は、「Ⅵ倭国・日本一般女性と外国王族男性」の類型に属するものである。また、『日本書紀』欽明二三年（五六二）八月条が記す蘇我稲目と高句麗の美女媛の婚姻は、「Ⅴ倭国・日本一般男性と外国王族女性」の類型に属するものである。

第四に、上記してきたもの以外の国際婚姻の例は、「Ⅶ倭国・日本一般男性と外国一般女性」の類型である。

第五に、「Ⅷ倭国・日本の一般女性と外国一般男性」との国際婚姻は、具体的な事例を挙げる用意がないが、それを否定する積極的な根拠もなく、倭国・日本に来た外国人との婚姻は想定できるものと思える。

このように整理してみると、さらに倭国・日本の国際婚姻の特徴が明瞭になる。それは、倭国・日本の国際婚姻には、「Ⅱ倭国・日本王族女性と外国王族男性」の国際婚姻や、「Ⅳ倭国・日本王族女性と外国一般男性」との国際婚姻の類型がみられないという点である。

これは、倭国・日本の王族女性の国際婚姻が認められず、列島内の婚姻に限定されていたためであり、後に述べる内親王や女王らの王族女性の婚姻が限定されていることに直接に通じるものであり、現象として頻発する近親婚の淵源にもなっていると考えられるのである。

加えて、『日本書紀』雄略紀は、池津媛の焼死以後、百済国の王族女性と倭国の王や王族男性との間の婚姻の不在を説明しているように、『日本書紀』は雄略紀以後、倭国王と海外の王権の女性との国際婚姻を示す記事をまったく載せていない。

このことに符合するように、雄略以後、「Ⅰ倭国・日本王族男性と外国王族女性」「Ⅲ倭国・日本王族男性と外国一般女性」の国際婚姻を示す事実は存在せず、王と王族らの婚姻は、国際婚姻の途を閉鎖したうえで列島内に限定されたものになっていくのである。

天皇とミコ・ヒメミコの婚姻

天皇の婚姻

後宮制度は、律令制のもと皇后一人の他に妃二人・夫人三人・嬪四人が置かれていたが、平安時代に入ると、後宮女官に女御・更衣などがみられるようになる。

後宮の成立

女御の初見は、桓武朝の紀朝臣乙魚・百済王教法の二人であり、その制度的起源は、光仁朝に始まるともいわれ、桓武朝に成立したとする考えもある。岩波書店版『日本史辞典』は、女御について「人数には制限がなく、宣旨によって補され、位階を賜った。はじめは四位・五位の者が多かったが、後に三位の者も現れ、摂関期以降は、摂関大臣の娘で女御になった者の内から皇后に立つ者が選ばれるようになった」としている。

また、同辞典は、更衣についても「天皇の衣替えに奉仕したのが原義とされるが、女御より劣る最下級のキサキとしての性格が強い。初見は桓武天皇の紀乙魚。延喜式には十人と規定される。円融天皇以後はほとんど補任例を見ない」としている。

他方、施設としての後宮の形成は、橋本義則氏が、光仁朝にいたって平城宮内に初めて後宮領域が作られ、長岡宮を経て平安宮で後宮（後宮十二舎）が整ったことを明らかにしている（『平安宮成立史の研究』塙書房、一九九五年）。その歴史の概略を、図とともに示すと次のようになる。

図12は、延暦十三年（七九四）に京都に遷都し、九世紀初頭ころに完成した平安宮の大内裏である。そのうちAは王の空間であり、Bがキサキたちの空間——後宮空間——である。

重要なのは、こうした九世紀の平安宮の図12のBにあたる空間が、八世紀の平城宮の中に見出せるようになるのは、実に八世紀末の光仁朝にいたってからであるということである。

そのことを証明するのが、八世紀の宮域内を発掘調査した結果を示す図13と図14である。図13は八世紀前半ころのもので、図14は八世紀末ころのものである。

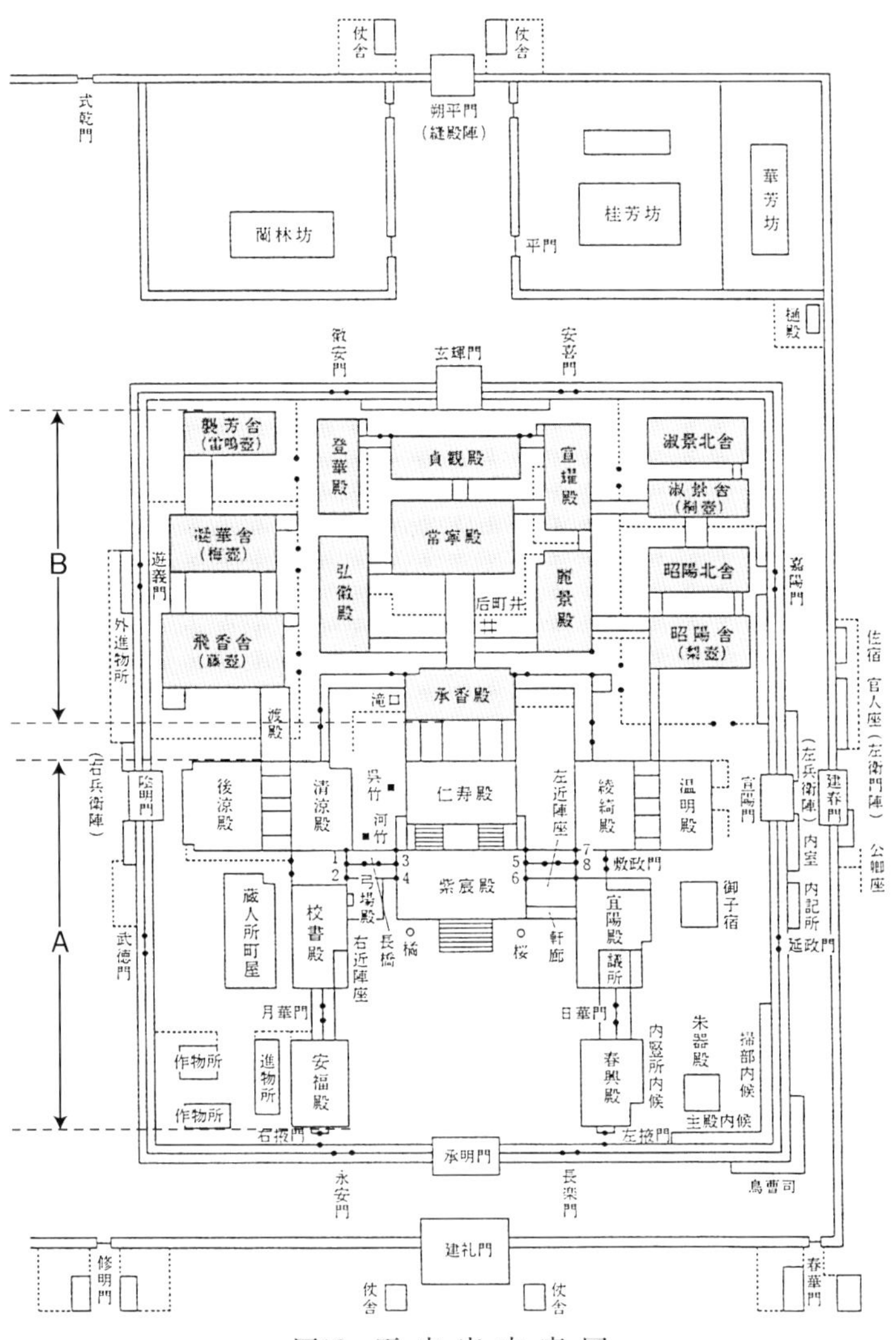

図12　平安宮内裏図

図13　平城宮内裏遺構図
（8世紀前半ころ）

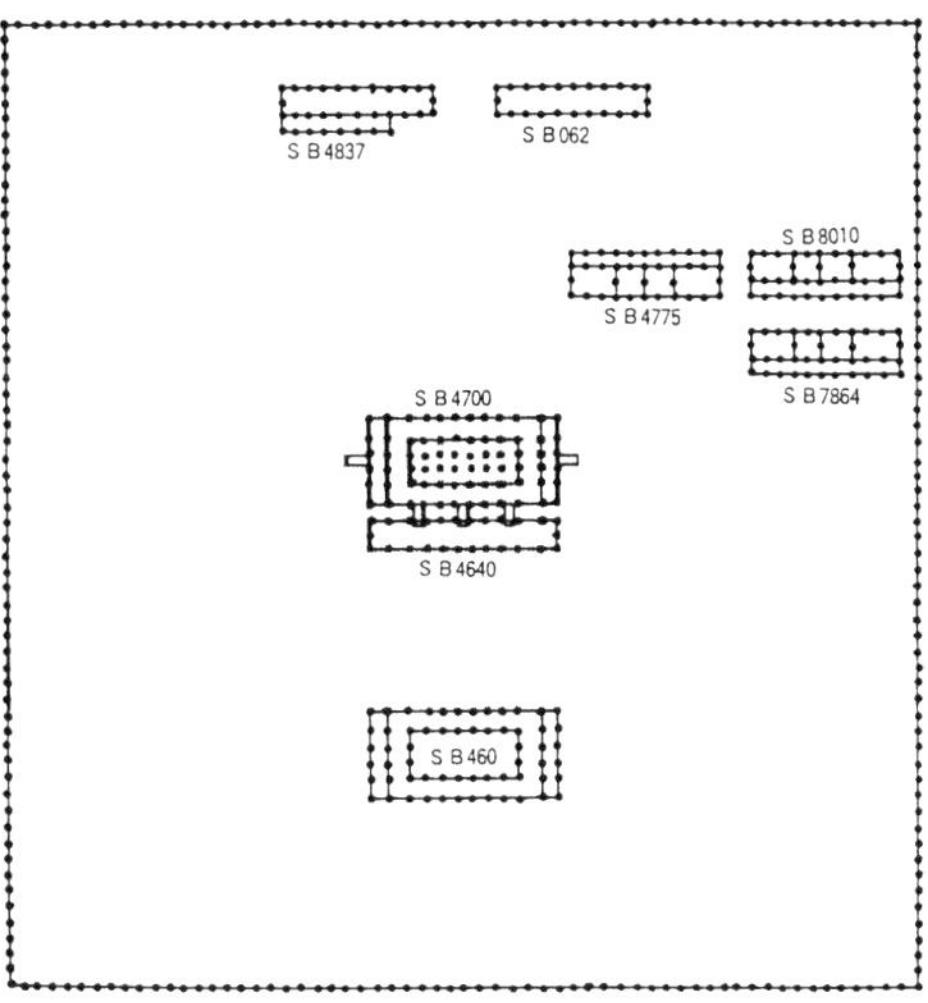

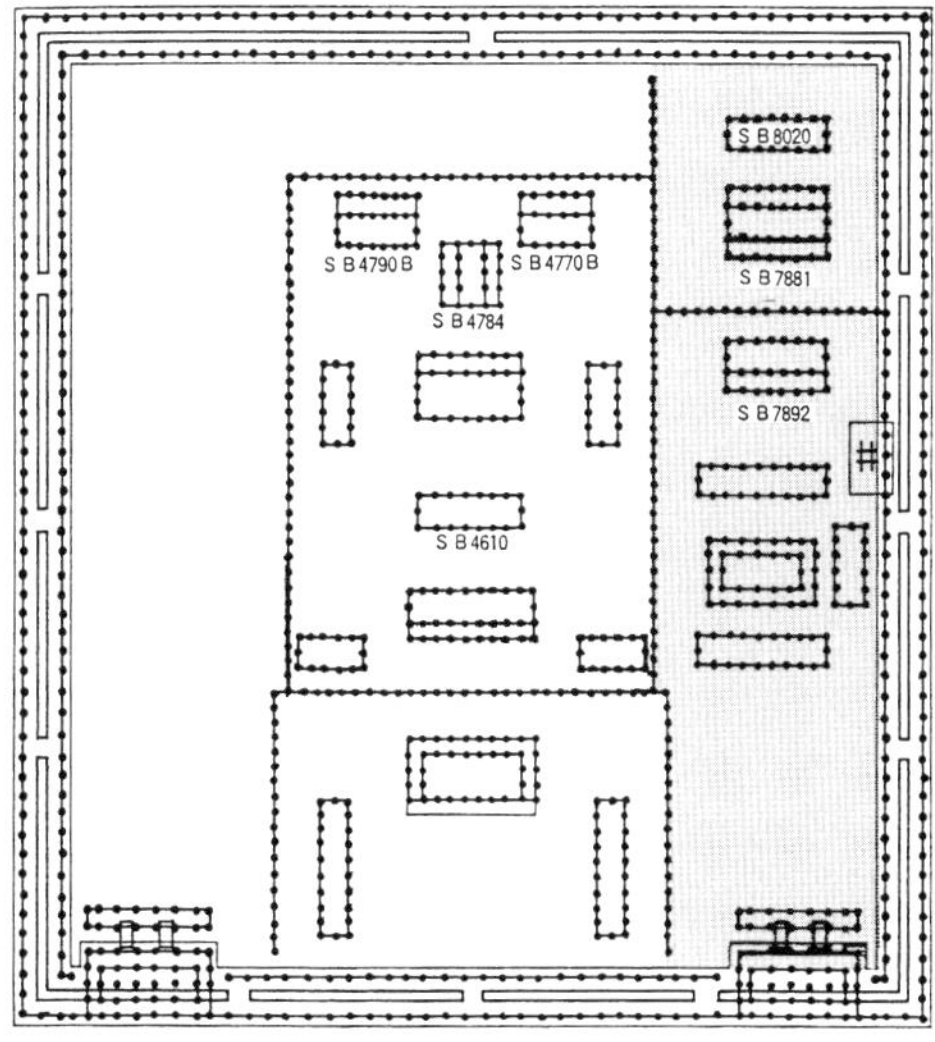

図14　平城宮内裏遺構図
（8世紀末ころ）

図13と図14の最大の注目点であり、相違点であるのは、図14の網かけの部分に該当する図13のエリアには、建物がまばらであるが、図14の八世紀末ころになると、建物群が南北に整然と並んで造営されていることである。この建物群こそキサキたちの居住空間「後宮」空間と考えられるものである。

このことは、次のことを物語っていると考えられる。第一に、八世紀のキサキたちは天皇と居所を別にしていたことを物語っている。これは、第二章第二節で指摘した大王宮とは別に、キサキが「キサキノミヤ（后宮）」をもつ在り方が律令後宮制を法制化した八世紀になっても残っていることを意味し、六・七世紀の大后制の伝統に根をもつ在り方でもあった。

第二に、八世紀末にいたると居住の場と家政機関が分離し、キサキたちは宮殿内に取り込まれていったことを物語っている。これは、六世紀から八世紀を通じてキサキたちが独自の家政機関を備えた居住の場をもっていた歴史の否定であり、王の居住空間の後方に従属して存在すべきとした法制上の「後宮」観が、八世紀末から九世紀にいたってやっと日本に実現化したことを意味するのである。

光仁朝以前の平城宮には、後宮の殿舎はない。最初の皇后である光明皇后は、皇后時代

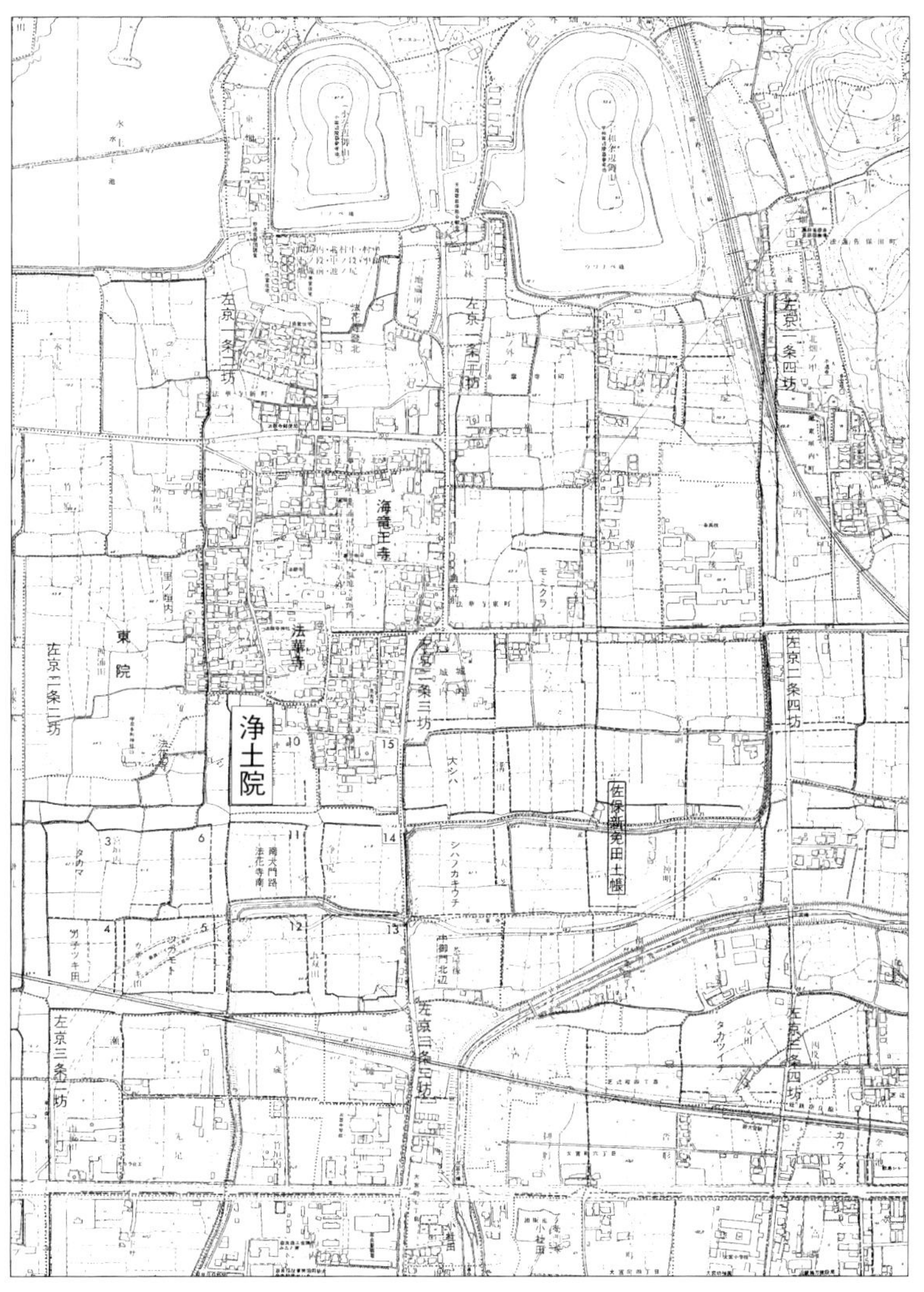

図15　法華寺阿弥陀浄土院周辺図

の皇后宮（職）を、また、皇太后時代の皇太后宮（職）――後に紫微中台とも呼ばれる――を奈良市の法華寺の地（「浄土院」として字名に残る）を含む周域にもっていた。それは、こうした理由によるものであったのである。

　このように、日本の後宮は、天皇とは別にキサキたちが独自の居所であると同時に、家政機関をもつ在り方を否定して初めて成立する施設なのである。

　そうした後宮の成立時期は光仁朝にあたり、後宮の中心に座るべきは聖武天皇と県犬養広刀自との間に生まれた皇后である井上内親王である。『続日本紀』は井上皇后と光仁天皇との間に軋轢が生じ、井上皇后が光仁天皇を呪詛した嫌疑で廃后にいたったことを記している。井上皇后と光仁天皇との間の軋轢は、井上皇后の子、他部皇太子を廃太子とするかどうかの問題を含む王位継承問題が主要な原因と考えられている。そのことに大きな誤りはないと思えるが、二人の溝を深める要因としてはそれだけでなく、井上皇后の「後宮」エリアへの居住の要請に対する反発も含まれていたと考えることも可能であろう。それは、聖武天皇の皇后の光明子が、宮域外の地にその家政機関である皇后宮（職）をもっていた事実を考慮すれば、その反発は十分に予測できるであろう。

桓武天皇のキサキとして知られている例を集約し、表にすると次のようになる。この表10を利用して、桓武天皇の婚姻の特徴を検討してみよう。

桓武天皇とキサキ

なお、この表10には、皇后・夫人・女御らのキサキであることが明瞭な例でない例も含んでいる。

その一つは、管見の限りで、身位が女御であったかどうかが史料の上で確かめられなくとも、桓武天皇との間に所生子が認められる場合は、暫時「キサキ」として扱い、表に載せている例である。

いま一つは、皇后・夫人・女御等のキサキでなくても、桓武天皇との間に所生子が認められる場合は表に載せている。こうした例は、本書では、第一章で指摘した采女と大王との間に婚姻関係を想定できるときでも、采女をキサキとしなかった例と同様に考えておきたい。

この表では、後宮職員の女孺（にょじゅ）の百済永嗣の例が該当する。百済永嗣が桓武天皇との間に、良峯安世（よしみね）を産んでいることから載せたものである。

百済永嗣は飛鳥戸奈止麻呂の女で、はじめ藤原内麻呂と結婚し真夏・冬嗣らを産むが、

表10　桓武天皇のキサキ

身位	キサキ名	父子関係	子女
皇后	藤原乙牟漏	藤原良継女（式家）	安殿（平城）　神野（嵯峨）　高志＊
妃	酒人内親王	光仁天皇皇女	朝原＊
夫人	藤原吉子	藤原是公女（南家）	伊予＊
夫人	藤原旅子	藤原百川女（式家）	大伴（淳和）
	藤原小屎	藤原鷲取女（北家）	万多
	藤原河子	藤原大継女（京家）	仲野　安勅＊　大井＊　紀＊　善原＊
	藤原東子	藤原種継女（式家）	甘南備＊
	藤原上子	藤原小黒麻呂（北家）	滋野＊
	藤原平子	藤原乙叡女（南家）	伊都＊
女御	藤原仲子	藤原家依女（北家）	
女御	藤原正子	藤原清成女（式家）	
女御	橘常子	橘嶋田麻呂	大宅＊
女御	橘御井子	橘入居女	賀楽＊　菅原＊

	橘田村子	橘入居女	池上＊
	紀若子	紀船守女	明日香
女御	紀乙魚	紀木津魚女ヵ	
	多治比真宗	多治比長野女	葛原　佐味　賀陽　大野　因幡＊　安濃＊
	多治比豊継		長岡岡成
	坂上又子	坂上苅田麻呂女	高津＊
	坂上春子	坂上田村麻呂女	葛井＊　春日＊
	中臣丸豊子	中臣大魚女	布施＊
女御	百済王教法		
	百済王貞香	百済王教徳女	駿河＊
	百済王教仁	百済王武鏡女	太田＊
	川上（錦部）真奴	錦部春人女	坂本
女孺	百済永嗣	飛鳥部奈止麻呂女	良峯安世

（注）　子女のうち＊が付く者は女性。

後に桓武天皇の女孺となり、良岑安世を産んでいる。氏名が百済氏になったのは、弘仁三年（八一二）正月十二日に「飛鳥戸造」から「百済宿禰」への改氏姓によるものである。

以上のような前置きをしたうえで、桓武天皇のキサキを通してみた婚姻関係の特徴を挙げると、次のようなことが指摘できる。

第一に、そのキサキの数が多数であることが挙げられる。比較の必要から聖武天皇のキサキとして挙げられる例を示せば、該当するのは次の六人である。

皇后　藤原安宿媛（光明子）　阿倍内親王（孝謙・称徳）
嬪　矢代女王
夫人　県犬養広刀自　安積親王　井上内親王　不破内親王
夫人　橘古那可智
夫人　藤原武智麻呂女（名不明）
夫人　藤原房前女（名不明）

さらにさかのぼって、第一章でも取り上げた天武天皇はキサキが一〇人である。これらと比べても、桓武天皇のキサキは二五人であり、百済永嗣の例を除いてもその数は多いといえる。

こうなった最大の理由は、天武や聖武と比べて相対的に史料に恵まれているという条件を除くと、女御や更衣が制度化されたことであると思える。とりわけ更衣は定員一〇人と定められ、円融朝ころには補任の例をみないのに対し、後宮のキサキの一員としての女御は光仁朝ないし桓武朝に制度化されたが、その定員を設けなかった。平安時代の天皇のキサキの数が多いのは、ここに一因がある。

第二に、桓武天皇は、王族から内親王（一人）をキサキに迎えるだけである。それは、光仁天皇と井上皇后との間に生まれた酒人内親王である。これが唯一の近親婚であり、天武天皇が天智の同母姉妹の皇女（二組四人）をキサキとした例と比較すると、少ないとみることができる。これは、王族女性を一人もキサキとしなかった聖武の例に近似するとみるべきであろう。異母兄弟姉妹間の婚姻自体は、日本古代では最も行われた近親婚である。この特徴を生み出す要因が、次の第三の特徴を生み出したものと考えられる。

第三に、桓武天皇は婚姻関係を結ぶ氏族を広くしており、藤原氏（一〇人）・橘氏（三人）・紀氏（二人）・多治比氏（二人）・坂上氏（二人）・中臣氏（一人）・百済王氏（三人）・飛鳥部氏（一人）・錦部氏（一人）の九氏族からキサキを迎えている。これを藤原氏に限ってみてみると、藤原氏の南家・北家・式家・京家の四家からキサキを迎えている。

二五人のキサキのうち一〇人が藤原氏の女であり、そのうち式家が四人と多く、北家が三人、南家が二人、京家が一人と続く。

このように藤原四家から、これだけ多人数のキサキが配されるのは、桓武天皇が最初であり、最後である。

桓武天皇は、即位以前の皇太子時代に、藤原乙牟漏（皇后）・酒人内親王（妃）・藤原吉子・多治比豊継・坂上又子（夫人）の五人と婚姻関係を結んでおり、その婚姻関係の広さはこの時代からうかがえる。

即位後、婚姻相手の氏族はさらに広く求め、また、求められたが、重視したのが婚姻相手の広がりだけでなく、特定氏族（藤原氏）との婚姻結合のよりいっそうの緊密化である。それは、藤原四家の中から特定の家との結合を深めるのではなく、北家・南家・式家・京家のいずれの家からもキサキを迎える対応に顕著にうかがえるものである。これは、後の摂関期の状況と異なり、藤原四家の優劣が未だ熾烈化していない段階の反映でもあり、桓武天皇の婚姻の第三の特徴として指摘できるものである。

これらに加えて、次に、桓武朝の始まる八世紀末葉から九世紀中葉の天皇の婚姻を特徴付ける藤原氏以外の特定氏族との結び付きをみてみたい。

桓武天皇は、藤原氏の四家と緊密な婚姻関係を結んだが、いま一つ注目したい特定氏族との婚姻関係がある。それは、百済王氏との婚姻関係である。

桓武天皇と百済王氏との婚姻結合

百済王氏は、百済最後の王である義慈王直系の禅広を祖とする氏族である。天智二年（六六三）の百済の滅亡後も倭国にとどまり、亡命百済王族とともに持統天皇のときに百済王姓を与えられたと考えられ、摂津国百済郡・河内国交野（かたの）郡を本拠とした。『続日本紀』延暦九年（七九〇）二月二十七日条に「百済王等者朕之外戚也」とあるように、平安時代初期、桓武天皇の母である高野（和（やまと））新笠が百済系和氏であったことから厚遇を受け、その女らを後宮に入れ、天皇と私的なつながりを結んで繁栄を得た。「王」という特別な姓を保持しており、渡来系氏族のうちでも別格の地位にあった。

日本における百済王氏の存在は、天皇が元百済王族の者を臣下においていることを日常的に示すことで、天皇が東アジアの小帝国の君主であることを国内外に向けてアピールするうえで好都合の存在であり、象徴的な機能を果たしているものであり、その歴史的意義は深い。

桓武天皇は、そのような百済王氏から百済王教仁・百済王貞香・百済王教法の三人を入内させている（これに、山部親王時代から寵愛された尚侍兼尚膳であった百済王明信の事実上のキサキも加えれば四人となる）。

桓武天皇のこうした「百済王」氏へのこだわりは、「婚姻の国際化」という観点からも評価できるものである。

桓武天皇と百済王氏の女性との婚姻は、桓武が渡来系の和新笠を母としていたから、渡来系氏族のキサキを入内させるのに熱心であった、しかし、それだけでなく、桓武天皇の中国皇帝の在り方を範とした強い「皇帝」志向の側面からも見直してみる必要があると思えるのである。

すなわち、桓武天皇が百済王氏の女性をキサキとしたのは、六世紀以来の大王・天皇が行おうとしてできなかった婚姻の「国際化」を実行したことに他ならないのである。

だが、この婚姻の「国際化」は、当初より唐や新羅との双方向性にもとづく国際的な婚姻を志向していたものとは考えられない。それは、婚姻の「国際化」の相手が、すでに臣下と化している旧百済や高句麗の亡命王族・貴族の末裔の渡来人であることから指摘できることであり、この点を見すごすべきではないであろう。

したがって、桓武と「百済王」氏の女性との婚姻は擬似国際化でしかなく、ここにこの婚姻のもう一つの特徴があるといえる。

このような例は、後に嵯峨天皇のときに百済王教俊の女が女御として百済貴命と更衣として百済慶命の二人が入内し、また、仁明天皇のときに同じく百済王教俊の女である百済永命が更衣として入内をみているが、それは数代限りの擬似国際化でしかなかった。

しかし、数代限りの、それも擬似国際化でしかなかった婚姻であれ、こうした婚姻すらもその後はまったく行われなかったことを考慮すれば、この婚姻が生み出した歴史的意義は改めて評価されてよいものと思える。

同時に、日本古代王権の婚姻の国際化を擬似化させ、また、その後、擬似的なものすらも生み出し得なかったことをみれば、東アジアの他の王権と比較して、日本古代王権の婚姻の閉鎖性＝国際性の欠如は、この点からも明瞭であるといえるのである。

律令制下の皇親の婚姻

八世紀の皇親の婚姻

八世紀の律令制下の天皇と親王・内親王らの皇親については、先に「皇親と婚姻の身分規制」で述べたところである。ここでは、八世紀の実態についてもふれながら以後の展開をたどり、その婚姻の特徴を探ってみよう。

『養老令』「継嗣令」第四条王娶親王条は、「凡そ王は親王を娶（めと）り、臣は五世王を娶（めと）ることを聴（ゆる）せ。唯し、五世王は、親王を娶ることを得ず」と規定して、天皇との血統の遠近によって皇親の婚姻が決められており、二世王の内親王から四世王の女王らは臣下との婚姻が厳禁されていた。このことは、すでに指摘したところである。

しかし、法が厳しく規定しても、その実態を探ってみると、法の規定と相違する場合が存在する。八世紀においてその顕著な例として知られるのは、敏達四世王の牟漏女王と藤原房前の婚姻例である。

藤原房前の子息の藤原永手は、宝亀二年（七七一）二月二十二日に五八歳で亡くなったが、『続日本紀』が記すその薨伝によれば、永手は「奈良朝贈太政大臣房前之第二子也、母曰正二位牟漏女王」とある。この母にあたる牟漏女王は、敏達天皇—難波皇子—栗隈王の血統に繋がる美努王を父とする紛れもない四世王の皇女である。

また、藤原仲麻呂の息子の久須麻呂は、舎人親王の子、三島王の女「山慢（縵）女王」と婚姻関係が推定できるが（『尊卑分脈』）、このことが確かならば天武三世王の皇女との婚姻となる。

さらに、藤原鎌足の女の五百重姫の例は変則的なものといえる。五百重姫は天武天皇のキサキとなり新田部親王をもうけたが、天武没後、再嫁して藤原不比等との間に朱鳥九年（六九四）に藤原麻呂をもうけている（『尊卑分脈』）。

この例は、一度キサキとして王族に入った女性が皇女と同じ、ないしは類似した規制を受けていたか否かを考えるうえで貴重であり、この藤原不比等の例は、天皇の許可（恩賜）があれば臣下の妻となることが可能であったことを示している。

これらが、『養老令』「継嗣令」第四条の規定を逸脱する例であり、このようにわずかでしかない。また、八世紀の実情がうかがえる史料はもとより、後代の史料を入れても、八世紀に『養老令』「継嗣令」第四条の規定が実態上で空文化していると認定できるだけの例を数多く見出すことは困難である。

したがって、皇女と臣下の婚姻がきわめて少ない事実を正当に評価する限り、『養老令』「継嗣令」第四条に規定された四世王までの王族女性と臣下の婚姻規制は、厳しく守られていたとみて誤りないと考えられる。

この点を指摘した研究としては、西野悠紀子氏の「律令体制下の氏族と近親婚」(『日本女性史』一、東京大学出版会、一九八二年)や、今江広道氏の「八世紀における女王と臣家との婚姻に関する覚書」(『日本史学論集』上巻、吉川弘文館、一九八三年)などの先駆的な業績が挙げられ、研究は蓄積されてきている。

他方、天皇を頂点とする王族男性である皇子たちの婚姻は、皇女たちの強い婚姻規制と相違し、貴族たちの女性との婚姻にさしたる規制はなかったと考えられる。

これは、王族の婚姻規制は男子である〈ミコ〉に緩く〈ヒメミコ〉に強くはたらくという王族男女の婚姻の性差として留意されるべき事実であろう。

また、これらの点は次のことを意味しよう。すなわち、天皇は臣下の女性をキサキとして迎え入れることはあっても、王族女性のうち四世王までは原則として臣下の男性に送り出すことはなかった。こうした婚姻を女性にポイントを定めてその流れに着目すると、天皇（家）と臣下の婚姻は、双方の男女の通婚が可能である双方向性をもっているのではなく、臣下の女性が天皇（家）に入ることのみが可能で、四世王までの女性は臣下の男性と婚姻ができないという特徴を見出すことができる。

皇親の婚姻規制の緩和

だが、こうした特徴をもつ婚姻は、八世紀末の延暦十二年（七九三）九月には、大きな改変をみることになる。すなわち、『日本紀略』延暦十二年九月十日条によれば、

詔して曰くと云々。見任（げんにん）の大臣、良家の子・孫は、三世已下の王を娶るを許せ。但し、藤原は、累代相承して。政を摂ること絶えず。此を以て之を論じるに、同等とすべからず。殊に二世已下の王を娶るを聴（ゆる）すべし、と云々。

延暦十二年九月の改革によって、現任の大臣および良家の子・孫は三世、四世の女王を娶ることが許され、藤原氏は二世の王であっても娶ることを許されることになったのである。

これは、これまであった王族の婚姻規制を大幅に緩めた点で注目されるべきものであり、藤原氏の宮廷社会における特別な存在であることを知らしめる上でも大きな役割を果たしている。

こうした婚姻規制の緩和の流れの中で留意しておくべきは、臣籍降下（王族の諸臣化）の果たした役割であり、とりわけ、九世紀の臣籍降下のそれである。

もちろん、九世紀以前にも臣籍降下の例がないわけでない。例えば、天平八年（七三六）、敏達五世孫（四世孫か）の諸王であった葛城王（葛木王）は、弟の佐為王とともに母の橘三千代の姓氏である橘宿禰を継ぎ、臣籍に降ることを願い許可され、以後、橘諸兄と名乗っている。また、天平勝宝四年（七五二）に臣籍降下し、文室（ふんや）姓を下賜された長皇子の子の智努（ちぬ）王（文室智努）や大市王（文室大市）の例が挙げられる。

このように、九世紀以前にも、王族の臣籍降下の例があるが、これらの例をもって八世紀の王族女性である皇女らの婚姻規制が特別に緩和されていたとみるのは難しいものと考える。

ところが、弘仁五年（八一四）五月八日詔によって賜姓源氏が出現することになり、以降、すでに親王宣下（せんげ）のあった者やその同母の弟妹を除き、臣籍に降りた源氏賜姓者との婚姻が生まれ、一世源氏（事実上の二世王の皇女）と臣下の婚姻例がみえてくるようになる。

　平安時代の皇女らの婚姻は、その全容をうかがうには史料的に困難であるが、藤木邦彦氏（「皇親賜姓」『平安王朝の政治と制度』吉川弘文館、一九九一年）や林陸朗氏（「賜姓源氏の成立事情」『上代政治社会の研究』吉川弘文館、一九六九年）らの先駆的な業績を継承し、その集成を試みた安田政彦氏の労作（「古代貴族婚姻系図稿――「皇親」部」「古代貴族婚姻系図稿――「源氏」部」一・二・三『帝塚山学院大学研究論集』二九号・三〇号・三二号・三三号、一九九四年・九五年・九七年・九八年）が生まれており、また、服藤早苗氏の編著になる『歴史のなかの皇女たち』（小学館、二〇〇二年）のような、新しい観点からの前近代の皇女の歴史が叙述されるようになっている。

　これらの成果にも学びながら、平安時代の皇親の婚姻の特徴を、具体例を拾い出し、いま少し考えてみたい。

　そうした婚姻を例示すると、一世源氏の場合、嵯峨天皇の皇女である源潔姫が藤原良房に嫁した例や宇多源氏の皇女の順子（母不詳）が藤原忠平の室となった例がある。

　また、醍醐源氏の代明（よしあきら）親王の女子である厳子（げんし）女王が藤原頼忠の室となっており、同じく恵子女王が藤原伊尹（これただ）の室となっている例などを挙げることができる。

このように、王族の一部を臣籍に下すことにより皇女の婚姻の途を広げる一方で、賜姓源氏の男性が皇女の婚姻の相手となる途が本格的に用意されたことになったのである。だが、清和朝にあたる貞観十二年（八七〇）二月、女子は内親王としておいても「公損」が少ないという理由から女子への賜姓源氏を見合わす「上表」が出され、宇多・醍醐朝になると女子への源氏賜姓は極端に減少してくる。しかし、このことが王族女性の婚姻の途を再び狭めることにならなかった点を見すごすべきではない。以後、天皇の皇女らは王族の身分を保持したまま、臣下との婚姻を行うようになる。その顕著な例が、内親王と臣下の婚姻である。

内親王の婚姻

このような内親王と臣下との婚姻は表11に例示したようなものがあるが、醍醐天皇の女の勤子内親王（母更衣藤原周子、源唱の女）・雅子内親王（母更衣藤原周子、源唱の女）・康子内親王（母皇后藤原穏子、藤原基経の女）の三人が、藤原師輔の室となっている例は際立った例である。

藤原師輔は藤原忠平の子で、右大臣源能有の女の昭子を母とし、兄の実頼とともに村上朝で重きをなしたが、醍醐天皇の女の三人を室に迎えただけでなく、このうち、勤子内親王と雅子内親王の二人は源周子を母とするもので、同母姉妹型一夫多妻婚の形式となっている点も注目できるところである。

次に表12は同時期の内親王が、キサキ化した例を示したものである。このうち皇后や中宮となったのは、光仁朝の井上内親王、淳和朝の正子内親王、冷泉朝の昌子内親王の三人だけである。対象とした時代に皇后を置かない時期を含んでいるので断定はしにくいが、その数の少ない点に特徴を見出すことができる。六・七世紀にみえた王族内のミコとヒメミコらの異母兄弟姉妹婚や、オジ—メイ婚・オバ—オイ婚などの異世代婚と重ねて時代の様変わりをみておくべきであろう。

王族女性である皇女の婚姻規制の緩和は、内親王だけでなく女王にも

表11　内親王と臣下の婚姻例

内親王名	父子関係	夫
勤子内親王	醍醐天皇皇女	藤原師輔室
雅子内親王	醍醐天皇皇女	藤原師輔室
普子内親王	醍醐天皇皇女	源清平室、藤原俊連室
靖子内親王	醍醐天皇皇女	藤原師氏室
韶子内親王	醍醐天皇皇女	源清蔭室、橘惟風室
康子内親王	醍醐天皇皇女	藤原師輔室
保子内親王	村上天皇皇女	藤原兼家室
盛子内親王	村上天皇皇女	藤原顕光室
禔子内親王	三条天皇皇女	藤原教通室
娟子内親王	後朱雀天皇皇女	源俊房室
儇子内親王	敦明親王皇女	藤原信家室

表12　キサキ化した皇女

天皇	身位	皇女名	父子関係	備考（皇后・中宮）
文武				
元明				
元正				
聖武	嬪	矢代女王		藤原安宿媛
孝謙				
淳仁				
称徳				
光仁	皇后	井上内親王	聖武天皇皇女	井上内親王
桓武	妃	酒人内親王	光仁天皇皇女	藤原乙牟漏
平城		朝原内親王	桓武天皇皇女	
		大宅内親王	桓武天皇皇女	
		甘南美内親王	桓武天皇皇女	
嵯峨	妃	高津内親王	桓武天皇皇女	橘嘉智子
	宮人	交野女王		
	皇后	正子内親王	嵯峨天皇皇女	正子内親王

淳和	妃	高志内親王	桓武天皇皇女	
	尚蔵	緒継女王		
仁明	宮人	高宗女王	岡屋王女	
文徳	女御	東子女王		
清和	女御	嘉子女王		
	女御	隆子女王	章明親王女	
	女御	兼子女王		
	女御	忠子女王	光孝天皇皇女	
	女御	源済子	文徳天皇皇女	
陽成	妃	綏子内親王	光孝天皇皇女	
	妃	姣子女王		
光孝	女御	班子女王	仲野親王女	
	宮人	正躬王女		
宇多				
醍醐	妃	為子内親王	光孝天皇皇女	藤原穏子
	女御	源和子	光孝天皇皇女	
	更衣	満子女王	相輔王女	

朱雀	女御	熙子女王	保明親王女	
村上	女御	徽子女王	重明親王女	藤原安子
	女御	荘子女王	代明親王女	
冷泉	中宮	昌子内親王	朱雀天皇皇女	昌子内親王
円融	女御	尊子内親王	冷泉天皇皇女	藤原媓子 藤原遵子
花山	女御	婉子女王	為平親王女	
一条				藤原定子 藤原彰子

（注）「源」姓の女性は、臣籍降下した賜姓源氏の女性。

図16　婚姻の双方向性

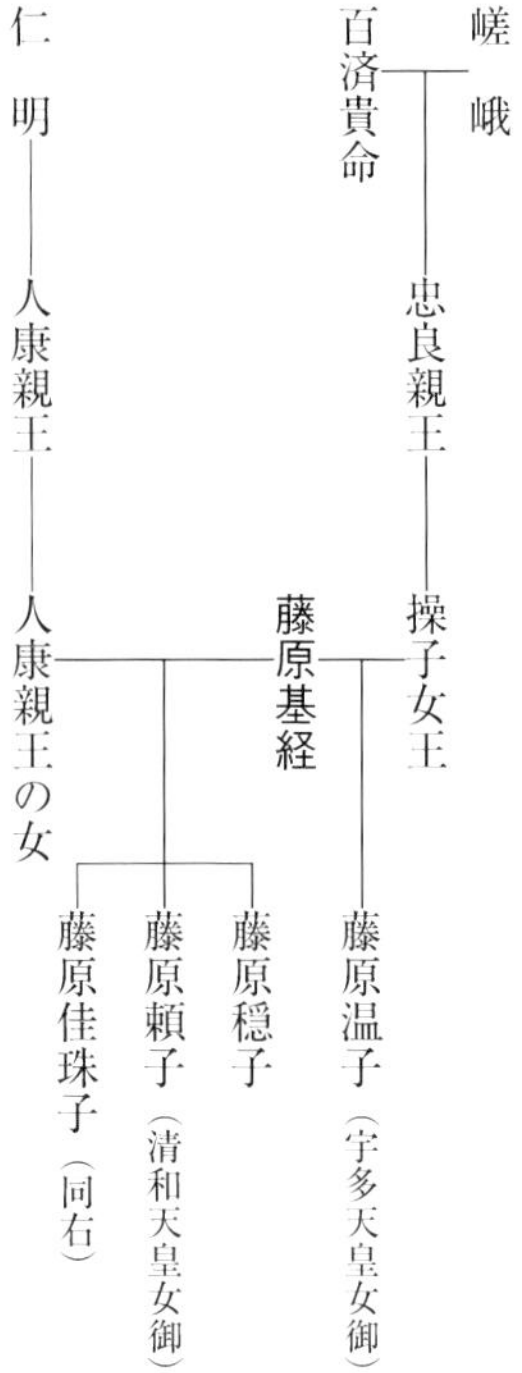

嵯峨
百済貴命
忠良親王
操子女王
藤原基経
藤原温子（宇多天皇女御）
仁明
人康親王
人康親王の女
藤原穏子
藤原頼子（清和天皇女御）
藤原佳珠子（同右）

及んでいる。そうした例として、藤原基経の室となった式部卿忠良親王の女の操子女王の例を挙げることができる。忠良親王は嵯峨天皇の第四皇子にあたり、嵯峨天皇と百済王俊哲の女で女御の百済貴命との間に生まれた親王であり、操子女王は、宇多天皇の女御となった藤原温子の母でもある。

さらに、藤原基経は仁明天皇の第四皇子にあたる人康(さねやす)親王の女（名は不詳）の女王も室として迎えており、藤原時平・仲平・忠平らと後に醍醐天皇の中宮、村上天皇の母となる藤原穏子をもうけている。

なお、基経は、清和天皇に女御として入内した藤原頼子と藤原佳珠子の二人の女がいるが、二人の母が人康親王の女とする一説もある。

これが事実であるならば、これもまた、第一章で指摘した七世紀までに多くみられた同母姉妹型一夫多妻婚を清和天皇が行っていることになる。

以上のことから、王族内に滞留している王族男女である皇親を臣籍に降下させることで規制の枠外に出す途（諸臣化）と、より直接には法制的な規制緩和の途を通じて、臣下の男性と皇女らの婚姻の途（臣籍降嫁）が開け、『大宝令』で規定された王族との婚姻規制が大きく改変されてきたことがわかる。

ここに天皇（家）と臣下間の婚姻の在り方は法制上緩和され、その対象が限定された氏族とはいうものの、図16に示したように、婚姻は双方向性をもつことになったのである。このことは『大宝令』の規制下の制約された婚姻を余儀なくされた段階と比べれば大きな変化といえよう。

しかし、このような王族と臣下の婚姻の新たな展開は、天皇家と藤原氏との間に限られた婚姻の双方向性のみが顕著になっていくものであった。それが、顕著になればなるほど、他氏族が天皇家と婚姻関係を結ぶことが難しくなり、新たな婚姻の閉鎖性となるのはいうまでもない。

不婚の内親王

婚姻規制が緩和されても、内親王や女王らの王族女性の中には、生涯独身を余儀なくされた場合があることにも留意しておくべきであろう。近年、氷高内親王（元正女帝）・阿倍内親王（孝謙・称徳女帝）や江戸時代の興子（おきこ）内親王（明正女帝）・智子（としこ）内親王（後桜町女帝）などの女帝として即位した内親王が、「不婚」であったことに関心が払われている。これらに加えて、さらに鳥羽院政期に近衛天皇の没後の王位継承をめぐって、後白河即位に決まる前段階の久寿二年（一一五五）七月二十三日の「王者の議定」（『兵範記』同日条）で女帝として即位する可能性を検討された暲子（しょうし）内親王

（後に女院となり八条院と称す）も含めると、これらの内親王が「不婚」であったのは、ただ相応しい婚姻相手がいなかったという条件だけで「不婚」であったわけではなさそうであることに多くの研究者が気付き始めている。

この内親王の「不婚」については、氷高内親王（元正女帝）や八条院暲子に関わって次のように指摘したことがある（『可能性としての女帝』青木書店、一九九九年、『日本の女性天皇』小学館、二〇〇六年）。

氷高内親王が婚姻の形跡を残していないのは、これもまた他律的なもので、不婚を強いられた可能性が高いとみるのが妥当であり、内親王は、女帝として即位の可能性が期待される時、不婚の内親王として生きることを強制される。氷高内親王が、可能性の女帝として受けた不婚で即位し、不婚のままに在位する制約は、その後、後述するように孝謙―称徳女帝の例や即位にはいたらなかった院政期の八条院暲子や江戸時代の明正女帝や後桜町女帝の場合にもうかがえる。

こうしたことがおこるのは、王族の女性は原則として臣下と婚姻せず、王族間での婚姻が許される閉鎖的婚姻の下にあるからであり、それは大王・天皇の血統を「外部」に流出することを忌避したことに起因するものと考えられる。この点が、日本古代王権の婚姻の一つの特質でもあるのである。

ここでいう「不婚」は「結婚しなかった」という意味ではなく、「（王権の意志で）結婚することが許されず、結婚しなかった」という意味であり、女帝には「女帝不婚」という特徴があり、ときとして「不婚」の条件を付される内親王も存在するのである。前述した氷高内親王や他の内親王らはその端的な証明であり、「女帝として即位の可能性が期待される時、不婚の内親王として生きることを強制された」存在なのである。

したがって、女性皇親に婚姻規制が厳しかったという理由だけで、婚姻関係をもたなかったのではなく、また、その後の婚姻規制が緩和されたからといって、女性皇親の総てに婚姻関係が開かれたわけではない。

こうした「不婚」の内親王との関わりで、『源氏物語』（若菜上）に次のような興味深い記述がある。

皇女たちは、独りおはしますこそは例のことなれど、さまざまにつけて心寄せたてまつり、何ごとにつけても御後見したまふ人あるは頼もしげなり（傍線筆者）。

（内親王たちは、独身でおられるのが通例ですが、いろいろなことにつけてご好意をお寄せ申し、どのような事柄につけても、後見をして下さる方がいることは頼もしいことで

す）

すなわち、傍線部に注目してみると、皇女たちが「独りおはします」ことを「例のこと」としており、「皇女」の婚姻が無条件で拡がったわけでなく、後見やその他の条件が揃わぬ場合は、生涯独身であることが通例であることを記しているのである。

もちろん、こうした記述が誇張した表現との見方もできなくはないが、摂関期の実態の一面を強調しているといえる。

天皇家と徳川将軍家の婚姻

平安時代に顕著となった天皇家と藤原氏との双方向性をもった婚姻は、その後、大きく崩れることなく続く。そのことによって藤原氏以外の氏族は、かえって天皇家と婚姻関係を結ぶことが難しくなっていく。このように婚姻関係の閉鎖性はますます顕著になっていくが、その一面を示すために、山本博文氏の研究である『徳川将軍家の結婚』（文芸春秋社、二〇〇五年）を参考として、近世の徳川将軍家との婚姻関係をみておきたい。

まず、将軍家から天皇家への子女の入内の例である。この例は、第二代将軍の徳川秀忠の女子であった徳川和子（まさこ）（東福門院）が、元和六年（一六二〇）六月、後水尾天皇に入内したのが唯一の例である。

幕府方からの強引な申し入れに不快の念を隠さなかった後水尾天皇は、突然の譲位まで決行したが、それでも中宮となった和子との間に二男三女の子をもうけている。

二人の間に生まれた女一宮にあたる興子内親王は、寛永七年（一六三〇）九月十二日に即位儀を挙げている。称徳女帝が神護景雲四年（七七〇）に死去して以来の女帝、それもわずか七歳の幼帝である明正天皇である。

次に、天皇家から将軍家への降嫁はどうであろうか。この例は二例ある。そのうちの一例は、仁孝天皇の皇女の和宮親子内親王が一四代将軍の徳川家茂に降嫁した例である。

和宮親子内親王は、弘化三年（一八四六）閏五月十日、仁孝天皇第八皇女として生まれた。母は典侍の橋本経子であり、議奏の権大納言橋本實久の女である。

万延元年（一八六〇）四月、幕府から朝廷へ正式に徳川一四代将軍家茂の妻として和宮の降嫁が願い出され、すでに父の仁孝天皇を亡くしていたため、兄にあたる孝明天皇は逡巡の末に許可し、文久二年（一八六二）二月十一日、江戸城内で婚姻の式が挙行された。ときに家茂・和宮、ともに一六歳であった。

もう一例は、和宮降嫁に先立つ事例である。それは、霊元天皇の第一三皇女で、正徳四年（一七一四）八月二十二日に生まれた吉子内親王と七代将軍徳川家継との婚姻である。

もっとも、この婚姻は将軍の死によって「幻の婚姻」と化している。吉子内親王の生母は、右衛門佐局松室敦子。幼称は八十宮。異母兄に東山天皇、同母兄に有栖川宮職仁親王がいる。

正徳四年九月、公武双方の政治的思惑から、吉子内親王は生後一ヵ月でときの将軍徳川家継と婚約する。相手となる家継もわずか六歳であった。

しかし、同六年閏二月に「納采の儀」を済ませたが、そのわずか二カ月後の享保元年（一七一六）四月に将軍家継が八歳で夭逝してしまう。徳川家継の夭逝がなければ、史上初の武家への皇女降嫁、関東下向が実現したはずであったが実現にはいたらず、それが実現するのは、一〇〇年余の和宮降嫁まで待たねばならなかった。

公武間の緊張と融和は、近世を通じてみられるところであるが、以上みたように、その間に天皇の皇女降嫁があったのはわずか二例であり、うち一例は頓挫した婚姻例である。それは幕府方が、皇女降嫁による天皇家との婚姻を忌避したためであろうか。それとも、天皇家が将軍家への皇女降嫁を忌避したためであろうか。

近世の一五代にわたる将軍家は、三代家光以降一五代慶喜にいたるまで（七代家継・一四代家茂を除き）、世襲親王家の四家のうちの伏見宮・有栖川宮・閑院宮の三親王家と、五摂家のうちの近衛家・一条家・鷹司家の三家から正室を迎えている。

これは明らかに、将軍の地位に相応しい正室として皇族や摂家級貴族の女性が嘱望されていたことを示すものである。

したがって、将軍の正室に皇女が少ないのは、天皇家が皇女降嫁を簡単に認めなかったことにあるとみてよいであろう。

なお、武家との婚姻を嫌う風潮は、天皇家に限らず公卿らにもあった。次のエピソードは、そうしたことをうかがわせるものである。

近衛基熙（もとひろ）の日記『基熙公記』には、「抑も、当家姫君武家に嫁すの事、先祖よりの遺誡の旨これ有り」とあり、近世摂家の一つの近衛家には、その娘を武家に嫁がせることを忌避する「遺誡」が残されている。

であるにもかかわらず、近衛基熙は自分の女の熙子（ひろこ）（結婚に際して改名し常子）と五代綱吉の甥にあたる徳川綱豊（家光の三男綱重の子、後の六代将軍徳川家宣）との婚姻話が進んでくると渋々であれ認めざるを得なくなってきた。これでは「遺誡」の遵守が難しくなると考えた基熙は一計を案じ、熙子を「密密（みつみつ）に」中納言平松時量（ときかず）の「子」にすることで、「遺誡」を固守している。

徳川将軍家と天皇家との婚姻には大きな障壁があり、それをクリアーするにはいくつもの特別な事情を必要としたことが推測できる。当然ながら、〈婚姻の双方向性〉は、徳川将軍家をもってしても実現できなかったのである。

王昭君伝説と平安文学

第二章で述べた中国前漢の和蕃公主、王昭君の匈奴への嫁入りのエピソードは、その後の中国の社会に「悲劇」として語り継がれ、唐代においても白居易などの多くの詩人によって詠われたりもしている。

興味深いことに、日本でも王昭君のエピソードは平安時代の漢詩の世界に影響を及ぼし、王昭君を題材にした漢詩が勅撰漢詩集『文華秀麗集』や『和漢朗詠集』に収録されており、『今昔物語集』には王昭君を題材にした説話も収録されている。

まず、日本古典文学大系本『文華秀麗集』の小島憲之氏の訳注に依拠して、王昭君に関わる漢詩をいくつかみておこう。『文華秀麗集』は、弘仁九年（八一八）に嵯峨天皇の勅命を受けて藤原冬嗣・菅原清公らによって編纂された全三巻の勅撰漢詩集である。先に編纂された『凌雲集』に続くもので、『経国集』に先立つ勅撰三集の一つである。

○王昭君。一首。　御製（嵯峨天皇）

弱歳にして漢闕（かんけつ）を辞（さ）り、愁を含みて胡関に入る。

天涯千萬里、一たび去れば更に還ることも無し。
沙漠は蟬鬢を壊り、風霜は玉顔を残ふ。
唯餘すは長安の月、照送す幾重の山。

（匈奴に嫁ぐために若くして漢の宮廷を辞し、憂いをいだきながら胡地の関所に入った。この地は、都から千万里の遠い天の果てにあって、ひとたび都を去ってしまうともはや帰ることもない。砂漠は蟬の羽のように薄く美しい王昭君の鬢をいため、風や霜はその美しい顔をきずつける。ただ、漢の長安に照る月だけが、幾重にも重なり合ったこの地の山々を照らして王昭君を送るばかりである）

◯「王昭君」に和し奉る。一首。良岑安世

虜地何ぞ遼遠なる、関山行くに忍びず。
魂情漢闕に還り、形影胡場に向かふ。
怨は邊風を逐ひて起り、愁は塞路に因りて長し。
願はくは孤飛の雁となりて、歳々一たび南に翔らむ。

（匈奴のいる地は、なんと遥かで遠いことか、国境の山々を越え行くのに耐えられない。自分の心は漢の宮廷に帰っているが、この身と影は（心ならずも）匈奴の地に向かうのである。怨めしい心は北方の辺地を吹く風を追って起こり、憂いは北方のとりでに通じる路のように長く続く。どうかひとり飛ぶ雁になって、毎年毎年一度は、南の方の故郷の方に飛び翔けりたいものである）

○「王昭君」に和し奉る。一首。　朝野香取

遠く嫁ぐ匈奴の域、羅衣涙干かず。
畫眉は雪に逢ひて壊れ、裁鬢は風に殘はる。
塞樹春に葉も無く、胡雲秋に寒さ早し。
閼氏は願ふ所に非ず、異類誰かよく安みせむ。

（遠く匈奴の地域に嫁することになったが、（悲しさのために）薄物の衣服にかかる涙は、乾かない。眉ずみで画いた王昭君の美しい眉は雪にあって崩れ傷み、こしらえた鬢は風にそこなわれる。辺土の木々は、春になっても葉がなく、胡地にかかる雲の空には秋になると寒さが早くやってくる。匈奴王の皇后の名称は望むところではない。相手が異人種では心の中で、誰がよく安心しょうか）

次に、同じく日本古典文学大系本『和漢朗詠集』の川口久夫氏の訳注に依拠して、その作品をみてみる。なお、『和漢朗詠集』は、藤原公任撰の歌集で、寛仁二年（一〇一八年）

ころの成立といわれる。和歌二一六首と漢詩五八八詩（日本人の作ったものも含む）の合計八〇四首が収められている。その下巻には、大江朝綱の「王昭君」と題する七言律詩が一編収録されている。

〇王昭君　大江朝綱

翠黛紅顔錦繡の粧い　泣くなく沙塞を尋ねて家郷を出づ
辺風吹き断つ秋の心の緒　隴水流れ添う夜の涙の行
胡角一声霜の後の夢　漢宮萬里月の前の腸
昭君若し黄金の賂を贈らましかば　定めて是れ身を終るまで帝王に奉まつらまし

（みどりのまゆずみ、紅のかんばせ、あのたおやかなあで姿。錦、刺繡の妖麗な衣裳をつけて、王昭君は泣く泣く胡塞に向かって住み慣れたふるさと（家郷）を後にした。胡地の風がすさまじく吹いて、秋の愁いの心は腸を断ちきるばかりにせつない。隴頭の水の咽び流れる音をきけば、ここを越えゆく夜は、故郷を恋うる涙もその水に流れ添う。もの悲しい胡人の角笛の音が砂漠の夜空に冴えて、霜夜の夢ははっとさめる。故郷の漢の国の都は万里のかなたに遠ざかり、冷たい月の光に腸を断つ想いである。昭君が、もしも画工に黄金の賄賂を贈っていたとすれば、終身、天子の愛をうけて、このような悲劇

に見舞われなかったであろうに）

作者の大江朝綱は平安中期の貴族・学者。中国古典に精通し、村上天皇の勅命により『新国史』を撰進。民部大輔、文章博士・左大弁を歴任し、参議に昇る。祖父音人の江相公に対し後江相公と称する。著書に『後江相公集』がある。

こうした漢詩だけでなく、『今昔物語集』には、その巻第十第五に「漢前帝后王照(ママ)君、行胡国語」が収録されている。

『今昔物語集』に収録された王昭君のエピソードも『西京雑記』（伝劉歆(りゅうきん)撰）などに説話化されたモチーフを継受しているもので、王昭君が絵師に付け届けを贈らなかったため、「夷」の国である「胡国」に行かざるを得なくなった点に興味関心を寄せていることがわかる。

このように日本の漢詩・説話は、本意ではなく周囲にも惜しまれて北の辺地へ嫁入りする王昭君の姿を〈悲劇〉として継受している。

王昭君のエピソードは、注意深くそのディテールを逐えば、漢の宮廷とはまったく文化を異にする異国、匈奴の王のもとへの輿入れである。中国の歴代王朝の中には、こうした国際婚姻を外交の手段として用いることがあった。このような事実を古代の天皇や貴族らもわからぬことはなかったはずである。

知ってはいても、古代の天皇や貴族らは、皇女らの婚姻の相手を外国に求めることをしなかった。これは、その後も長らく続く歴史的にも意味のある重要な事実である。

少なくともはっきりしている点の一つは、古代の皇女らが王昭君の「悲劇」を味わうことなく過ごせたのは、こうした選択がなされたからなのである。

だが、このような事情が生まれたのは、前述してきたように、皇女らの婚姻の許される条件が厳しく、緩和されるようになったとはいえ、「不婚」の内親王を生み出す基盤はなお揺らぐことなく存在していたことと密接不可分の関係にあったことを忘れるべきではないであろう。

海を渡り、外国の王権と婚姻関係を結んだ日本の皇女の例は、エピローグで述べる近代の一例が史実として確認できる唯一のものといってよいであろう。

耽羅の創世神話と日本王権

しかし、史実ではなく「神話」伝承であるが、海を渡った日本王権の皇女の婚姻譚が存在する。

それは、『高麗史』巻五七、地理志耽羅県条や『新増東国輿地勝覧』巻三八、済州牧が伝える次のような耽羅の建国「神話」である。

耽羅は今日の韓国の済州島をさすが、古代においてはその地理的な関係から百済の影響下に置かれており、百済滅亡後は新羅の支配下にあった。その耽羅の建国神話が、日本の王権との国際婚姻を前提にした神話をもっていることは注目に値する。

両書の記述に大きな相違はないので、『高麗史』の記述をここでは載せ、その大要を述べておこう。

なお、『高麗史』は、朝鮮王朝によって編纂され、一四五一年に完成した高麗の国史である。その内容は、紀伝体によって構成され、世家・志・表・列伝一三七巻と目録二巻からなっている。

註　高麗史古記云。厥初無人物。三神人従地湧出。今鎮山北麓有穴。曰毛興。是其地也。長曰良乙那。次曰高乙那。三曰夫乙那。三人遊猟荒僻。皮衣肉食。一日見紫泥封木函。浮至東海濱。就而開之。内有石函。有一紅帯紫衣使者随来。開函有青衣處女三。及諸駒犢五穀種。乃曰。我是日本国使也。吾王生此三女。云西海中岳。降神子三人。将欲開国。而無配匹。於是命臣侍三女而来。宜作配以成大業。使者忽乗雲而去。三人以歳次分娶之。就泉甘土肥處。射矢卜地。（後略）。

（耽羅の島は、当初、人も物も存在しなかった。そうしたこの島に、良乙那・高乙那・夫乙那と呼ばれる三神人が地より湧き出てきた。その後、三神人が島で生活をしていたある日、島の東海の浜に紫の泥封で封印された木函が漂着した。中を開けてみると、中にはさらに石函と紅帯をしめた紫衣の使者がおり、石函には青衣の処女が三人おり、馬・牛および五穀の種もあった。使者が言うには、「私は日本国の使者です。吾が王には三人の女が生まれました。西海の岳に神の子が三人降臨し、彼の地で国を開こうとしているが、伴侶となる者（「配匹」）がいないので、私に、三人の王女を彼の地に連れていく命があり、参りました。どうか、三人の王女を「配」として、国造りの「大業」にお励み下さい」と言うと使者は雲に乗って去っていった。三神人は、それぞれ王女を娶り、島の中の「泉甘土肥」の処を矢で射て占い、その地にそれぞれが居住した）

この建国神話には、建国の三神人が東海の浜で「日本国」からの使を迎えて、倭の三人の王女と結婚し、その結果、「日本国」から駒・犢・五穀の物がもたらされ、耽羅は豊かな島になったことが記されている。

史料は、その後の彼らの末裔がたどった歴史を記すが、その部分は本書の意図とはずれるのでここでは省くことにして、この伝承で注目すべき点を二点挙げておくことにする。

第一に、これはクニの創世を語り、ないしは記す際に、〈外部〉の者との婚姻によってクニ―王権の基礎が作られるという王権神話に通じる点である。

こうした考え方＝理論は、王権の外部起源説とも呼べるものである。この点を強調する代表的研究者がマーシャル・サーリンズであり、サーリンズは、『歴史の島々』（山本真鳥訳、法政大学出版局、一九九三年）で「stranger-King」（「外来王」）という概念を使用し、王権が「外部」との接点をもつことで初めて成立する点を強調した。

第二に、伝承・「神話」とはいえ、「日本国」の「王」女＝皇女が婚姻を理由に海外に出たことを記す希有の史料であるという点である。このことが、本書の課題と直接に関わる点である。上述してきたように、日本の王権は原則として王族女性の皇女を〈外部〉に出さない。この「神話」では、歴史的事実と相違する「日本国」の皇女の国際婚姻が、海外の耽羅国と行われている。

耽羅国の創世「神話」が、偶然にも伝えた興味深い事実である。また、先にみた「王昭君」伝承の日本における受容も、こうした「神話」を創造する下地がある世界と、まったくもたない日本との相違にも及んで考えてみる余地があると思える。

古代天皇家の婚姻――エピローグ

日本古代王権の婚姻の特質

本書でこれまで述べてきたことを踏まえると、日本古代王権の婚姻の特質として、次の二点が指摘できるはずである。

第一に、倭国・日本の古代王権は、異母兄弟姉妹婚やオジ―メイ・オバ―オイの異世代婚などの形式を取る近親婚を婚姻の中核に据えていることがうかがえ、その婚姻の閉鎖性が顕著であることである。

この近親婚の盛行は、王族の女性は原則として臣下に送り出されることがなく、その婚姻は王族内での婚姻に限定される婚姻規制と深い繫がりがあると考えられる。この婚姻規制は、「不婚の内親王」に典型化される婚姻関係をもたない王族の女性を生み出すことも

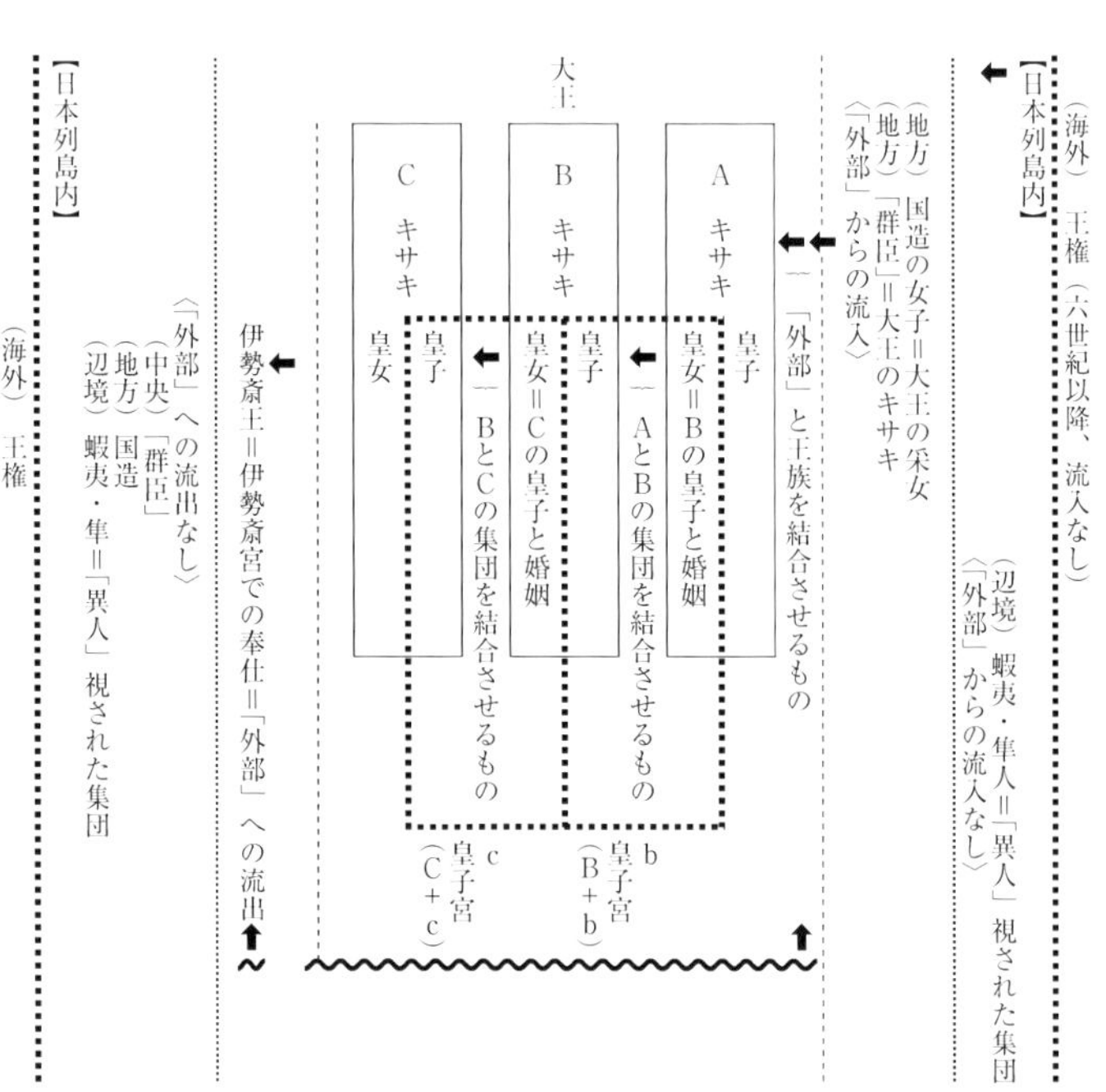

図17　日本古代王権の婚姻

あるが、九世紀になると若干の緩和を生んでいる。それは王族と藤原氏の結合をさらに深める婚姻を生むことを招いたが、規制はなくなることなくその後も持続している。この点を考慮すれば、この特質は、倭国・日本の古代に限定されない前近代の日本の王権の婚姻の特質として指摘できるものである。

第二に、倭国・日本の古代王権は、六世紀以降、前近代を通じて海外の王権と婚姻関係をもつことがなかったことに典型的にうかがえるように、その婚姻の国際性の欠如が明白であることである。

このことは、五世紀の倭王権が百済からの王族の女性を迎え入れているように、海外の王権の王族の女性を王宮に迎え入れることに消極的ではなかったにもかかわらず、六世紀以降の倭王権は、中国や朝鮮（高句麗・百済・新羅・大伽耶連合）の王権の王族女性を倭王権にキサキとして迎え入れることはなかったことによくうかがえる。

こうした倭国に対し、朝鮮半島の新羅や百済は、六世紀以降も中国皇帝に女性の「貢献」を外交の手段として駆使し、半島内での戦争を交えながらも他方で婚姻を通じた国際外交の関係構築と維持に努めている。

さらに、中国漢代や唐代の「和蕃公主」の例や、ハプスブルグ家のヨーロッパ世界に張り巡らせた婚姻のネットワークなどと比較してとらえ直してみると、倭国・日本のみが六世紀以降一貫して、東アジアの諸王権と婚姻関係を結ぶことなく、婚姻を通じた国際外交の手段を取っていない在り方はとりわけ際立っているといえる。

『日本書紀』雄略紀は、倭王権が六世紀以降、海外の王権との婚姻に関して閉鎖的な対応に終始するようになったのは、海外の王権からキサキが貢上されなくなったエピソードを記すが、それは雄略紀が記す一事件の顚末の説明にはなっても、その後いっさい行われなかったことへの説明としては取りにくく、閉鎖的婚姻の生じた理由は日本の古代王権内部の事情に求めざるを得ないと思う。

このように、六世紀以降、倭国・日本の王権の婚姻は海外の王権と通婚関係を結ぶ施策は取らず、列島内の蝦夷として「異人」視された集団を王権との婚姻関係から除外したうえで、日本列島内の女性に限定し、もっぱらその婚姻の相手を王族内の異母集団の女性か中央・地方氏族の女性に限定し、差別的に選択した婚姻を採用していくことになるのである。

こうした海外の王権と婚姻関係をもつことのない婚姻の国際性の欠如は、倭国・日本の古代に限定されない王権の婚姻の特質を示すいま一つの点である。この点は、今日にいたっても熟知されていない事実である。

以上、本書で強調した倭王権・日本古代王権の婚姻の二つの特質は、日本の古代に限定されるものでなく、前近代の日本の歴史を貫く特質でもあることを指摘してきた。

李垠と梨本宮方子の婚姻

最後に、これまで述べてきた二つの特質は、近代日本の明治国家によってただ一度、日本史における唯一の王族女性の国際婚姻である梨本宮方子（李方子）の婚姻事例の誕生で打ち消されている。この婚姻事例について、最小限の事実を記し、本書を終えることにしたい。

梨本宮方子（まさこ）は、明治三四年（一九〇一）十一月四日、梨本宮守正王と伊都子（いつこ）妃の長女として生まれ、大正九年（一九二〇）四月二十八日、初代大韓帝国皇帝高宗の第七男として生まれた李垠（イウン）（一八九七—一九七〇）と結婚し二人の子どもに恵まれている。

この梨本宮方子の婚姻は、たとえ相手が大韓帝国皇帝の高宗の息子である李垠であっても、方子らを縛る皇族女性への婚姻規制は、簡単に許されるものでなかった。

それは、明治二二年に制定された『皇室典範』に、「皇族の婚嫁は同族又は勅旨に依り特に認許されたる華族に限る」（第三九条）とあり、皇族女子は明治にいたってなお皇族か華族としか結婚できなかったからである。

『皇室典範』制定当初、この法が近代日本の植民地政策と矛盾することを『皇室典範』制定者たちは想定できなかった。そのため、大正九年、朝鮮の植民地支配を円滑化するために、梨本宮方子と李王家の李垠との婚姻が成立したが、『皇室典範』の規定からすれば、この婚姻は到底認可されるものでなかった。

しかし、国内的な紛糾の末に採った対応は、明治四三年の「韓国併合に関する条約」第三条の韓国皇帝一家に相当の尊称・地位・歳費を保障するとしたことにもとづき、旧大韓帝国前皇帝・高宗（徳寿宮李太王熈）を含めて純宗皇帝の家族は「王族」、その近親者は「公族」と位置付けられ、日本の皇族待遇の特権的地位を保証した。

次いで、大正七年には『皇室典範増補』を制定し、「皇族女子は王族又は公族に嫁することを得」という一文を「増補」することで、二人の婚姻を認めることにしたのである。ここに、日本史上、皇族女性が海外の王権の男性と婚姻を結ぶ歴史的に確かな事例が生まれることになったのである。

二人の子どものうちの第一子、李晋は大正一〇年に生まれ、第二子の李玖は昭和六年（一九三一）に生まれている。

大正十一年四月、李垠・方子夫妻は李王朝の儀式などに臨むため、誕生間もない晋を連れて朝鮮を訪問するが、晋は日本への帰国の直前に死去している。その急逝をめぐっては暗殺説も出されている。

戦後は、日本国憲法の施行に伴い、李垠・方子夫妻は王公族の身分と日本国籍を喪失し、一在日韓国人となり、邸宅・資産を売却しながらの厳しい生活を余儀なくされた。

昭和三八年十一月二十一日、夫妻は、大韓民国への帰国を果たし、昌徳宮内に住まうこととなった。同四五年五月、夫の李垠が七三歳で死去。大韓民国政府は、国葬でもって応えている。

夫の死後の方子妃は、福祉法人「明暉園」を設立して障害者福祉事業に尽力し、日朝の架け橋として活動したが、平成元年（一九八九）四月、八七歳で逝去している。

本書の下敷きとなった論文の一つ「日本古代王権の婚姻」（『ヤマト王権と交流の諸相』名著出版、一九九四年）は、以下の一文でその論文の最後を締めくくった。

本書は、具体的な事例を数多く示すことで、古代王権の婚姻の特質を検討してきたが、古代で刻印された特質は、古代で完結・消滅することなく、前近代・近現代にまでその影響は及んでいる。そのことを明記する意味で、あえて本書でも最後の一文としたい。

こうした事例の挙証をもって、直ちに、古代からの歴史の規定性を指摘できるものでないことは云うまでもない。近代の「狡智」のなせる子細は、近代史研究に委ねるしかないが、この事件を近代史の枠の中だけの問題と割り切ることはできない。近代の「狡智」を生み出すその根は確実に古代にまで及んでいると考えられ、決して猪突な例ではないのである。

あとがき

宿願をやっと果たすことができた。これが、「あとがき」を書く今この時の正直な感想である。何度か書き上げることを断念しようと思ったが、原稿渡しの時期を何度も変更してもらうことで今日にいたり、やっと刊行にこぎ着けることができた。

かつて私は、一九九三年八月二〇日から二三日にかけて中国天津市で開催された「日本人与国際化問題—国際学術討論会」での報告原稿を、「日本古代王権の婚姻」(荒木敏夫編『ヤマト王権と交流の諸相』名著出版、一九九四年。その後、さらに補訂を加え、『日本古代王権の研究』吉川弘文館、二〇〇六年に所収)という論文にまとめた。本書は、そこでの論点を基礎として、さらに新たな知見を加え、一書としたものである。

私は、これまで日本古代の王権にいくつもの視点から検討を加え、『日本古代の皇太子』(吉川弘文館、一九八五年)、『可能性としての女帝』(青木書店、一九九九年)、『日本古代王権の研究』（吉川弘文館、二〇〇六年）、『日本の女性天皇』（小学館、二〇〇六年）などにまとまる研究を重ねてきた。今回、本書では、テーマを王権と婚姻の関わりに絞ってみたが、婚姻研究のアプローチは、こうした枠組みではないまとめ方もあるであろう。これまで婚姻の歴史は、歴史学では家族史や女性史の枠組みの中で研究されることが多く、そうした視点からの立論にもとづく成果の蓄積も広く認められるところである。

本書は、それらの成果にも学びながら、その後の知見や関連するいくつかの事実を取捨選択して、王権が取り結ぶ多様な婚姻の在り方を具体的に示し、それらの意味を検討することによって日本古代の王権（天皇家）の特質に迫ることを心がけてみたものである。

そうした試みの一つが、「日本」「古代」の王権（天皇家）の特質を明らかにするために、東アジアの王権の婚姻例や近世の徳川将軍の婚姻例にも配慮してみたことである。それは、地域・時代を異にする婚姻例を比較・検討することで、古代王権の婚姻の特質を浮き彫りにすることができると考えたからである。長い中断の時期があったため完成までに年月がかかったが、執筆の方向性は、終始、この点を大きく逸脱することはなかった。

多様な比較の視点は、大小さまざまな「事実」を照らし出してくれる。だが、その「事実」の面白さに囚われすぎてしまうと、考察が手薄になってくる部分が出てくる。本書で特質の一つとして指摘した〈婚姻の閉鎖性〉は、国際婚姻の欠如として現れたり、近親婚の盛行という現象を生み出したりしている。本書では、それらを多様な婚姻の在り方を示すものとして記すにとどまっている。

したがって、それが、「特質」と指摘できたとしても、その「特質」が何故生まれたのか、という点の考察は十分でない。歴史的「事実」として指摘できても、指摘できる歴史的「事実」がいかなる意味をもつものかを十分に説明できない場合が、多々ある。〈婚姻の閉鎖性〉についても、何故そうなったのかの理由の本格的な検討は、今後に残した大きな課題である。

本書は、このように不十分な点をなお多く残すものであるが、一書として公刊することができるきっかけを作って下さったのは、一九九五年九月、当時、吉川弘文館編集部におられた岩本夕子氏である。岩本氏は、前掲の論文「日本古代王権の婚姻」を読まれたらしく、これをもとにして「古代王権と婚姻」のテーマで一書にまとめることを勧めて下さり、それに対して私が承諾の返事を送ったことが今回の公刊にいたった最初の機縁である。

岩本氏の退社後は、『日本古代王権の研究』の出版でもお世話になった大岩由明氏に担当が変わたものの、大岩氏の停年退社の年にいたっても未完成という失態を重ねてしまった。その後、石津輝真氏の担当下で原稿はようやく完成となり、出版への最終段階を伊藤俊之氏に委ね、『歴史文化ライブラリー』の一冊としてこうして刊行にいたったことになる。このように、ここまでの間には四人の編集者の手を煩わせてしまった。一書を生み出す根気は、大変な忍耐に支えられていることをあらためて教えられたが、それを許容して下さった吉川弘文館にも感謝を申し上げる次第である。

なお、本書の公刊にあたって専修大学大学院文学研究科の院生である畠山香さんに校正の助力を得ることができた。記して謝意を表します。

二〇一二年一〇月

荒 木 敏 夫

参考文献

全体に関するもの

荒木敏夫『日本古代の皇太子』（『古代史研究選書』）、吉川弘文館、一九八五年
荒木敏夫『可能性としての女帝―女帝と王権・国家―』青木書店、一九九九年
荒木敏夫『日本古代王権の研究』吉川弘文館、二〇〇六年
荒木敏夫『日本の女性天皇』（『小学館文庫』）、小学館、二〇〇六年
荒木敏夫「日本古代王権と婚姻」『古事記年報』五〇、二〇〇七年
荒木敏夫「ミコとヒメミコの古代史」『明日香風』一〇四、二〇〇七年

大王とミコ・ヒメミコの婚姻

飯田優子「姉妹型一夫多妻婚―記紀を素材として―」『現代のエスプリ』一〇四、一九七六年
伊集院葉子「采女論再論」『専修史学』五二、二〇一二年
上田正昭『藤原不比等』（『朝日評伝選』九）、朝日新聞社、一九七八年
エドモンド・リーチ（青木保・井上兼行訳）『人類学再考』思索社、一九九〇年
大平　聡「日本古代王権継承試論」『歴史評論』四二九、一九八六年
大平　聡「女帝・皇后・近親婚」鈴木靖民編『日本古代の王権と東アジア』吉川弘文館、二〇一二年

官　文　娜『日中親族構造の比較研究』思文閣出版、二〇〇五年

クロード・レヴィ＝ストロース（福井和美訳）『親族の基本構造』青弓社、二〇〇〇年

河内祥輔『古代政治史における天皇制の論理』（『古代史研究選書』）、吉川弘文館、一九八六年

小林茂文「奸・殯・王位継承」『周縁の古代史―王権と性・子ども・境界―』有精堂出版、一九九四年

角田文衛「不比等の娘たち」『角田文衛著作集』三、法蔵館、一九八五年

直木孝次郎『額田王』（『人物叢書』）、吉川弘文館、二〇〇七年

西野悠紀子「律令体制下の氏族と近親婚」女性史総合研究会編『日本女性史』一、東京大学出版会、一九八二年

西野悠紀子「古代―皇女が天皇になった時代」服藤早苗編著『歴史のなかの皇女たち』小学館、二〇〇二年

仁藤敦史「上宮王家と斑鳩」『古代王権と都城』吉川弘文館、一九九八年

仁藤敦史「トネリと采女」『古代王権と支配構造』吉川弘文館、二〇一二年

平野邦雄『大化前代社会組織の研究』吉川弘文館、一九六九年。

三崎裕子「キサキの宮の存在形態について」『史論』四一、一九八八年

山本一也「日本古代の近親婚と皇位継承」上・下『古代文化』五三―八・九、二〇〇一年

山本一也「日本古代の皇后とキサキの序列―皇位継承に関連して―」『日本史研究』四七〇、二〇〇一年。

義江明子『県犬養橘三千代』（『人物叢書』）、吉川弘文館、二〇〇九年

吉川真司「律令国家の女官」『律令官僚制の研究』塙書房、一九九八年
吉田　孝『歴史のなかの天皇』（『岩波新書』）、岩波書店、二〇〇六年
吉永　登「間人皇女―天智天皇の即位をはばむもの―」『万葉―歴史と文学のあいだ』創元社、一九六七年

倭と東アジアの国際婚姻

池内　宏『日本上代史の研究』中央公論美術出版、一九七〇年
王　勇『唐から見た遣唐使―混血児たちの大唐帝国―』（『講談社選書メチエ』一二五）、講談社、一九九八年
金子修一『隋唐の国際秩序と東アジア』名著刊行会、二〇〇一年
木村　誠「新羅国家生成期の外交」『古代朝鮮の国家と社会』吉川弘文館、二〇〇四年
高　世　瑜（小林一美・任明訳）『大唐帝国の女性たち』岩波書店、一九九九年
崔　明　徳『漢唐和親史稿』青島海洋大学出版社、一九九二年
崔　明　徳『中国古代和親史』人民出版社、二〇〇五年
坂元義種「中国史籍における百済王関係記事の検討」『百済史の研究』塙書房、一九七八年
武田幸男「新羅・法興王時代の律令と衣冠制」朝鮮史研究会編『古代朝鮮と日本』龍渓書舎、一九七四年
田中俊明『大伽耶連盟の興亡と「任那」』吉川弘文館、一九九二年

中田　薫「唐代法に於ける外国人の地位」『法制史論集』三下、岩波書店、一九七一年
長沢　恵「中国古代の和蕃公主について」『海南史学』二一、一九八三年
林謙一郎「南詔国の成立」『東洋史研究』四九―一、一九九〇年
日野開三郎「唐代の和蕃公主」『日野開三郎東洋史学論集』九、三一書房、一九八四年
藤野月子「唐代の和蕃公主をめぐる諸問題」『東洋史論集』三四、二〇〇六年
藤野月子「漢唐間における和蕃公主の降嫁について」『史学雑誌』一一七―七、二〇〇八年
堀　敏一『中国と古代東アジア世界』岩波書店、一九九三年
三品彰英『日本書紀朝鮮関係記事考證』上、吉川弘文館、一九六二年
李　成　市「高句麗と日隋外交」『古代東アジアの民族と国家』岩波書店、一九九八年

天皇とミコ・ヒメミコの婚姻

網野善彦・上野千鶴子・宮田登『日本王権論』春秋社、一九八八年
今江広道「八世紀における女王と臣家との婚姻に関する覚書」国学院大学文学部史学科編『日本史学論集』上、吉川弘文館、一九八三年
上野千鶴子「〈外部〉の分節―記紀の神話論理学―」（『大系仏教と日本人』一）、春秋社、一九八五年
橋本義則『平安宮成立史の研究』塙書房、一九九五年
林　陸郎「賜姓源氏の成立事情」『上代政治社会の研究』吉川弘文館、一九六九年
服藤早苗「平安時代―王朝を支えた皇女―」服藤早苗編著『歴史のなかの皇女たち』小学館、二〇〇二

年
藤木邦彦「皇親賜姓」『平安王朝の政治と制度』吉川弘文館、一九九一年
安田政彦『平安時代皇親の研究』吉川弘文館、一九九八年
安田政彦「嵯峨内親王の降嫁と醍醐源氏賜姓」『続日本紀研究』三七四、二〇〇八年
安田政彦「古代貴族婚姻系図稿―「皇親」部―」『帝塚山学院大学研究論集』二九、一九九四年
安田政彦「古代貴族婚姻系図稿―「源氏」部―」一・二・三『帝塚山学院大学研究論集』三〇・三二・三三、一九九五・九七・九八年
山本博文『徳川将軍家の結婚』(『文春新書』)、文芸春秋社、二〇〇五年

古代天皇家の婚姻―エピローグ

小田部雄次『梨本宮伊都子妃の日記―皇族妃の見た明治・大正・昭和―』小学館、一九九一年
小田部雄次『李方子』(『ミネルヴァ日本評伝選』)、ミネルヴァ書房、二〇〇七年
鈴木正幸『皇室制度』(『岩波新書』)、岩波書店、一九九三年
本田節子『朝鮮王朝最後の皇太子妃』文芸春秋社、一九八八年
渡辺みどり『日韓皇室秘話―李方子妃―』(『中公文庫』)、中央公論新社、二〇〇一年

記紀にみるキサキ名

天皇	身位	古事記 日本書紀	続柄
神武		阿比良比賣 富登多多良伊須須岐比賣命〈比賣多多良伊須氣余理比賣〉	阿多之小椅君妹
	皇后 妃	媛蹈鞴五十鈴媛命 吾平津媛	
綏靖		河俣毘賣	師木縣主之祖
	皇后	五十鈴依媛 〈川派媛〉 〈糸織媛〉	事代主神少女（姨） 〈磯城県主女〉 〈春日県主大日諸女〉
安寧		阿久斗比賣	河俣毘賣之兄、縣主波延之女
	皇后	渟名底仲媛命 〈渟名襲媛〉 〈川津媛〉 〈糸井媛〉	事代主神孫、鴨王女 〈磯城県主葉江女〉 〈大間宿禰女〉
懿徳		賦登麻和訶比賣命 〈飯日比賣命〉	師木縣主之祖

天皇	区分	后妃	出自
	皇后	天豊津媛〈泉媛〉〈飯日媛〉	息石耳命女〈磯城県主葉江男弟猪手女〉〈磯城県主太真稚彦女〉
孝昭		余曾多本毘賣命	尾張連之祖、奥津余曾之妹
	皇后	世襲足媛〈渟名城津媛〉〈大井媛〉	尾張連遠祖瀛津世襲妹〈磯城県主葉江女〉〈倭国豊秋狭太媛女〉
孝安		忍鹿比賣命	
	皇后	押媛〈長媛〉〈五十坂媛〉	天足彦国押人命女カ〈磯城県主葉江女〉〈十市県主五十坂彦女〉
孝霊		細比賣命	十市縣主之祖、大目之女
		春日之千千速眞若比賣	
		夜麻登玖邇阿禮比賣命	
		蠅伊呂杼	阿禮比賣命之弟
	皇后	細媛命〈春日千乳早山香媛〉〈真舌媛〉	磯城県主大目女〈十市県主等祖女〉
	妃	倭国香媛〈絙某姉〉	
	妃	絙某弟	

天皇	区分	后妃	出自
孝元		内色許賣命	穂積臣等之祖、内色許男命妹
		伊賀迦色許賣命	内色許男命之女
		波邇夜須毘賣	河内青玉之女
	皇后	欝色謎命	穂積臣遠祖欝色雄命妹
	妃	伊香色謎命	物部氏遠祖、大綜麻杵女
	妃	埴安媛	河内青玉繋女
開化		竹野比賣	旦波之大縣主由碁理之女
		伊賀迦色許賣命	
		意祁都比賣命	丸邇臣之祖日子國意祁都命之妹
		鸇比賣	葛城之垂見宿禰之女
	皇后	伊香色謎命	物部氏遠祖、大綜麻杵女
	妃	丹波竹野媛	
	妃	姥津媛	和珥臣遠祖姥津命妹
崇神		遠津年魚目目微比賣	木國造、名荒河刀辨之女
		意富阿麻比賣	尾張連之祖
		御眞津比賣命	大毘古命之女
	皇后	御間城姫	大彦命女
	妃	遠津年魚眼眼妙媛 〈八坂振天某辺〉	紀伊国荒河戸畔女 〈大海宿禰女〉
	妃	尾張大海媛	

天皇			
垂仁		佐波遅比賣命	沙本毘古命之妹
垂仁		氷羽州比賣命	旦波比古多多須美知宇斯王之女
垂仁		沼羽田之入毘賣命	氷羽州比賣命之弟
垂仁		阿邪美能伊理毘賣命	沼羽田之入日賣命之弟
垂仁		迦具夜比賣命	大筒木垂根王之女
垂仁		苅羽田刀辨	山代大國之淵之女
垂仁		弟苅羽田刀辨	大國之淵之女
垂仁	皇后	狭穂姫	
垂仁	皇后	日葉酢媛	丹波道主王（彦坐王子）女〈彦湯産隅王子〉
垂仁	妃	渟葉田瓊入媛	丹波道主王女
垂仁	妃	真砥野媛	丹波道主王女
垂仁	妃	薊瓊入媛	丹波道主王女
垂仁		竹野媛	丹波道主王女
景行		針間之伊那毘能大郎女	吉備臣等之祖、若建吉備津日子之女
景行		八坂之入日賣命	八尺入日子命之女
景行		〈妾之子〉	
景行		〈又妾之子〉	
景行		日向之美波迦斯毘賣	
景行		伊那毘能若郎女	伊那毘能大郎女之弟
景行		訶具漏比賣	倭建命之曾孫、大中日子王之女
景行	皇后	播磨稲日大郎姫	

天皇	后妃	名	出自
景行		〈稲日稚郎姫〉	
	妃	（美濃）八坂入媛	八坂入彦命（崇神子）女
	妃	水歯郎媛	三尾氏磐城別妹
	妃	五十河媛	不明
	妃	高田媛	阿倍氏木事女
	妃	日向髪長大田根	
	妃	（襲）武媛	
	妃	（襲国）御刀媛	
〈小碓命〉		両道入姫命	
		吉備穴戸武媛	吉備武彦
		弟橘媛	穂積氏忍山宿禰女
成務		弟財郎女	穂積臣等之祖、建忍山垂根之女
		なし	
仲哀	大后	大中津比賣命	大江王之女
		息長帯比賣命	
	皇后	気長足姫尊	（開化曽孫）気長宿禰女
	妃	大中姫	叔父彦人大兄女
	妃	弟媛	来熊田造の祖、大酒主女
		高木之入日賣命	品陀眞若王之女

天皇	区分	名	出自
応神		中日賣命	（品陀眞若王之女）
		弟日賣命	（品陀眞若王之女）
		宮主矢河枝比賣	丸邇之比布禮能意富美(わにのひふれのおほみ)之女
		袁那辨(おなべ)郎女	矢河枝比賣之弟
		息長眞若中比賣	咋俣長日子(くひまたながひこ)王之女
		糸井比賣	櫻井田部連之祖、嶋垂根之女
		日向之泉長比賣	
		迦具漏比賣	
		葛城之野伊呂賣(かつらぎののいろめ)	
	皇后	仲姫	
	妃	高城入姫	（皇后姉）
	妃	弟姫	（皇后妹）
	妃	宮主宅媛	和珥臣祖、日触使主女
	妃	小甂(おなべ)媛	宅媛妹（和珥臣祖、日触使主(ひふれおみ)女）
	妃	弟媛	河派仲彦(かわまたなかつひこ)女
	妃	糸媛	桜井田部連男鉏(おさひ)妹
	妃	日向泉長媛	
仁徳	大后	石之日賣(いわのひめ)命	葛城之曾都毘古之女
		髪長比賣	日向之諸縣君牛諸之女
		八田若郎女	
		宇遲能若郎女	
	皇后	磐之媛命	葛城襲津彦女

天皇	称号	名	出自
仁徳	妃	日向髪長媛	
	皇后	八田（矢田）皇女	（応神・宮主宅媛子）
履中		黒比賣命	葛城之曾都毘古之子、葦田宿禰之女
	皇妃(みめ)	黒媛	葦田宿禰女
	妃・皇后	（草香(くさか)）幡梭(はたび)皇女	
	嬪	太姫郎姫	鯽魚磯別(ふなしわけ)王女
	嬪	高鶴郎姫	鯽魚磯別王女
反正		都怒(つの)郎女	丸邇(わに)之許碁登(こごと)臣之女
		弟比賣	同臣之女
	皇夫人(きさき)	津野媛	大宅臣の祖、木事女
		弟媛	大宅臣の祖、木事女
允恭		忍坂之大中津比賣命	意富本杼(おほほど)王之妹
	皇后	忍坂大中姫	稚野毛二岐(わかのけふたまた)皇子女
		衣通(そとおし)郎姫	（忍坂大中姫妹）
安康		記載なし	
	妃・皇后	中蒂姫(なかしひめ)命〈長田皇女〉	大草香皇子妻
	大后	若日下部(わかくさかべ)王	大日下王之妹

天皇	地位	名	出自
		韓比賣	都夫良意富美之女
雄略	皇后	長田大郎女	(大日下王の嫡妻)
	皇后	草香幡梭皇女〈橘姫皇女〉	
		韓媛	葛城圓大臣女
	妃	稚姫	吉備上道臣女〈吉備窪屋臣女〉
		童女君	采女春日和珥臣深目女
〈市辺押羽皇子〉	采女・妃	荑媛	(葦田宿祢子) 蟻臣女
清寧	なし	記載なし	
顕宗		難波王	石木王之女
	皇后	難波小野王	(允恭曽孫) 磐城王の孫、丘稚子王女
仁賢		春日大郎女	大長谷若建天皇之御子
		糠若子郎女	丸邇日爪臣之女
	皇后	春日大娘皇女	(雄略・童女君) 子
		糠君娘〈大糠娘〉	和珥臣日爪女〈和珥臣日触女〉

天皇	区分	名	出自
武烈		記載なし	
	皇后	春日娘子	
継体	大后	若比賣	三尾君等祖
		日子（めこ）郎女	尾張連等之祖、凡連之妹
		手白髪命	意祁（をけ）天皇之御子
		麻組郎女	息長眞手王之女
		黒比賣	坂田大俣王之女
		関比賣	茨田連小望之女
		倭比賣	三尾君加多夫之妹
		阿倍之波延（はへ）比賣	
	皇后	手白香皇女	
	妃	目子媛〈色部（しこぶ）〉	尾張連草香女
	妃	稚子（わかこ）媛	三尾角折（つのおり）君妹
		広媛	坂田大跨（おほまた）王女
		麻績（をみ）娘子（いらつめ）	息長真手王女
		関媛	茨田連小望（こもち）女〈妹〉
		倭媛	三尾君堅楲（かたひ）女
		荑（はへ）媛	和珥臣河内女
		広姫	根王女
安閑		記載なし	
	皇后	春日山田皇女	（仁賢女）

天皇	区分		
安閑	妃	〈山田赤見皇女〉	
		紗手媛	巨勢男人大臣女
		香香有(かかり)媛	紗手(さて)媛弟(ひめのいろど)
		宅媛	物部木蓮子(いたび)大連女
宣化	皇后	橘之中比賣命	意祁(おけ)天皇之御子
		川内之若子比賣	
		橘仲皇女	（仁賢女、手白香弟）
		大河内稚子媛	
欽明		石比賣命	檜坰(ひのくま)天皇之御子
		小石比賣命	（石比賣命）弟
		糠子郎女	春日之日爪臣之女
		岐多斯(きたし)比賣	宗賀之稲目宿禰大臣之女
		小兄比賣	岐多志毘賣命之姨(おば)
	皇后	石姫	宣化女
	妃	稚綾姫皇女	皇后弟
	妃	日影皇女	皇后弟
	妃	堅塩(きたし)媛	蘇我大臣稲目女
	妃	小姉君	堅塩媛同母弟
	妃	糠子(あらこ)	春日日抓(ひつめ)臣子
敏達		豊御食炊屋比賣命	
		小熊子郎女	伊勢大鹿首之女

天皇	地位	名	出自
敏達		比呂比賣命	息長眞手王之女
		老女子郎女	春日中若子之女
	皇后	広姫	息長眞手王之女
	皇后	豊御食炊屋姫尊	
	夫人	老名子（うなこ）夫人〈薬君娘〉	春日臣仲君女
	采女	菟名子（うなこ）夫人	伊勢大鹿首小熊女
用明		意富藝多志比賣（おほぎたし）	稲目宿禰大臣之女
		間人穴太部王	
		飯女之子（いひめ）	當麻之倉首比呂之女
	皇后	穴穂部間人皇女	
	嬪	石寸名	蘇我稲目女
		広子	葛城直磐村女
崇峻		記載なし	
	妃	小手子	大伴糠手連女
推古			
舒明	嬪	河上娘	（蘇我氏女）
	皇后	宝皇女	（茅渟（ちぬ）王・吉備姫王女）
	夫人	法提郎媛（はていらつめ）	蘇我嶋大臣女
	采女	蚊屋采女	（吉備国女）

天皇	地位	名	父
皇極			
孝徳	皇后	間人皇女	（舒明・宝皇女女）
	妃	小足媛	蘇我倉梯麻呂大臣女
	妃	乳娘	蘇我山田石川麻呂大臣女
斉明			
天智	大后	倭姫	古人皇子女
	嬪	遠智娘	蘇我山田石川麻呂大臣女
	嬪	姪娘（櫻井媛）	遠智娘弟
	嬪	橘娘	阿倍倉梯麻呂大臣女
	嬪	常陸娘	蘇我赤兄大臣女
	宮人	色夫古娘	忍海造小竜女
		黒媛娘	栗隈首徳萬女
		越道君伊羅都賣	
		伊賀采女宅子	
天武	皇后	鸕野皇女	
	妃	大田皇女	
	妃	大江皇女	
	妃	新田部皇女	
	夫人	氷上娘	藤原大臣女
	夫人	五百重娘	氷上娘弟
	夫人	太蕤娘	蘇我赤兄大臣女

天武		
	額田姫王	鏡王女
	尼子娘	胸形君徳善女
	櫢媛（かじひめ）娘	宍人臣大麻呂女

著者紹介

一九四六年、東京都に生まれる
一九六九年、早稲田大学教育学部社会科地理歴史専修卒業
一九七二年、早稲田大学文学部大学院文学研究科史学専攻(修士課程)修了
一九七五年、東京都立大学人文学部大学院人文科学研究科史学専攻(博士課程)中退
愛知教育大学助手・講師・助教授を経て、
現在、専修大学文学部教授

主要著書
『日本古代の皇太子』(吉川弘文館、一九八五年)
『可能性としての女帝―女帝と王権・国家―』(青木書店、一九九九年)
『日本古代王権の研究』(吉川弘文館、二〇〇六年)
『日本の女性天皇』(小学館、二〇〇六年)

歴史文化ライブラリー
359

古代天皇家の婚姻戦略

二〇一三年(平成二十五)一月一日　第一刷発行

著　者　荒木敏夫(あらきとしお)

発行者　前田求恭

発行所　株式会社吉川弘文館
東京都文京区本郷七丁目二番八号
郵便番号一一三―〇〇三三
電話〇三―三八一三―九一五一〈代表〉
振替口座〇〇一〇〇―五―二四四
http://www.yoshikawa-k.co.jp/

印刷＝株式会社平文社
製本＝ナショナル製本協同組合
装幀＝清水良洋・星野槙子

歴史文化ライブラリー

1996.10

刊行のことば

現今の日本および国際社会は、さまざまな面で大変動の時代を迎えておりますが、近づきつつある二十一世紀は人類史の到達点として、物質的な繁栄のみならず文化や自然・社会環境を謳歌できる平和な社会でなければなりません。しかしながら高度成長・技術革新にともなう急激な変貌は「自己本位な刹那主義」の風潮を生みだし、先人が築いてきた歴史や文化に学ぶ余裕もなく、いまだ明るい人類の将来が展望できていないようにも見えます。このような状況を踏まえ、よりよい二十一世紀社会を築くために、人類誕生から現在に至る「人類の遺産・教訓」としてのあらゆる分野の歴史と文化を「歴史文化ライブラリー」として刊行することといたしました。

小社は、安政四年（一八五七）の創業以来、一貫して歴史学を中心とした専門出版社として書籍を刊行しつづけてまいりました。その経験を生かし、学問成果にもとづいた本叢書を刊行し社会的要請に応えて行きたいと考えております。

現代は、マスメディアが発達した高度情報化社会といわれますが、私どもはあくまでも活字を主体とした出版こそ、ものの本質を考える基礎と信じ、本叢書をとおして社会に訴えてまいりたいと思います。これから生まれでる一冊一冊が、それぞれの読者を知的冒険の旅へと誘い、希望に満ちた人類の未来を構築する糧となれば幸いです。

吉川弘文館

〈オンデマンド版〉
古代天皇家の婚姻戦略

歴史文化ライブラリー
359

2022年（令和4）10月1日　発行

著　者　荒木敏夫（あらきとしお）
発行者　吉川道郎
発行所　株式会社　吉川弘文館
〒113-0033　東京都文京区本郷7丁目2番8号
TEL　03-3813-9151〈代表〉
URL　http://www.yoshikawa-k.co.jp/

印刷・製本　大日本印刷株式会社
装　幀　清水良洋・宮崎萌美

荒木敏夫（1946～）

ISBN978-4-642-75759-1